大展好書　好書大展
品嘗好書　冠群可期

大展好書　好書大展
品嘗好書　冠群可期

心靈雅集 73

普玄智 主編

迎正智生法喜

大展出版社有限公司

國家圖書館出版品預行編目資料

迎正智生法喜／普玄智主編
—初版1刷—臺北市，大展，2011〔民100.08〕
面；21公分—（心靈雅集；73）
ISBN 978-957-468-823-4（平裝）
1.佛教修持　2.生活指導

225.87　　　　100011102

迎正智生法喜

主　　編／普　玄　智
發 行 人／蔡　森　明
出 版 者／大展出版社有限公司
社　　址／台北市北投區（石牌）致遠一路2段12巷1號
電　　話／(02) 28236031・28236033・28233123
傳　　真／(02) 28272069
郵政劃撥／01669551
網　　址／www.dah-jaan.com.tw
E-mail／service@dah-jaan.com.tw
登 記 證／局版臺業字第2171號
承 印 者／傳興印刷有限公司
裝　　訂／建鑫裝訂有限公司
排 版 者／千兵企業有限公司
初版1刷／2011年（民100年）8月

定　價／250元

序言

《梁武帝・摩訶般若懺文》說：「願諸眾生，離染著相，迴向法喜，安住禪悅。」法喜，指聞佛法而生的歡喜心。

不管在任何時代，人類都會努力尋求解決煩惱的方法。雖然經過時代演變，但是人類幾乎沒有任何變化，仍然是與先人同樣的人類。

人的一生都是從零開始，因此，只要想想先人也曾嚐過現在自己所承受的辛苦，就會產生勇氣，努力地想要找出解決方法。

佛教是從觀察人類生存在這個世界中所遭遇的問題，進而指示求生之道的宗教。這是一種慈悲的宗教。佛教的教誨，包括教導人們彼此互愛、體貼所有的人與物。

釋尊所領悟的真理，稱為「四諦八正道」。所謂四諦是：

苦諦——何謂人生的苦惱。　集諦——苦惱因何而起。

滅諦——何謂克服苦惱。　道諦——克服苦惱的真理。

關於「道諦」的實踐方法，釋尊指示了八種道，也就是所謂的「八正道」——正見、正思惟、正語、正業、正命、正精進、正念、正定。

政治紛擾、經濟不振、社會案件層出不窮，於是人心惶惶，每個人都陷於不安之中，在這種前途茫茫的社會裡，今後該如何生存下去？老實說，大眾均很迷惘。

這時候不能再追求名譽、地位、金錢等外表的華麗。當今最要緊的是自己堅定理念，從迷惘的社會中自我覺醒，盤算未來途徑。

基於這個觀點，本書將圍繞在我們人生四周的各種問題，分為三大章加以披露，提供各位當做淨化心靈獲得正智的參考。

當然，本書所述項目並非遍及所有人生，而所提倡的論點是否正確，是否妥當？就只能交由讀者自行判斷了。

在今日價值觀錯綜複雜，善惡不分的時代中，期望能對各位今後人生之旅能獲得遠離妄想分別，與真如相契會的真智灼識。

目錄

目 錄

第二章 正命的人生……一〇七

第一章　正見的人生

「正見」，八正道之一。指遠離妄想，不落偏執，而能明解正法、超脫世相的知識與理念。

1. 見聞觸知

《圓機活法》中說：「東風吹散梅梢雪，一夜挽回天下春。」

亦即，春風吹落了梅樹梢上的積雪，只有一個晚上的功夫，春天的腳步即已來到了。形容做了各種努力，消除了煩惱、妄想等後，達到省悟的世界。

只要時機、因緣來到，一定能開拓新的境界。

例如：寒冬雖漫漫，終究有過去的一天。不知不覺中春風漸起，溶化了厚厚的冰雪，只消一夜的時間春即降臨大地了。

人生也是一樣的，雖然已盡心盡力了也仍無法省悟，然而，有一天時機、因緣突然來到的話，人生觀即會完全改變，能獲得省悟。

所以，再艱苦的事情，只要忍耐，遲早都會否極泰來的。

有句話說「冬天來到，春天即已在不遠處了」，人應如此經常保持期望。

你是不是感到日復一日的生活狀況很無聊、缺乏內容？如果答案是否定的就好，假設是如此，你是不是希望富有朝氣的人生？

佛教有一句話，「見聞觸知近菩提」。意思是不論所見、所聞、所觸，均能令我們覺悟，善有所學、惡亦有所學。

有位名人在十一位的兄弟之家，他曾如此述懷：「我的父親只會喝酒、賭博，絕對不是一位好父親，但在我的心目中，他是一位恩師。怎麼說呢？因為他以自己行動做錯誤的示範，讓我知道和父親相反就是好。」

另外，有人說道：「我沒遇過討厭的人。」因為不論與任何人相處，他都只看對方好的一面，即使對方有令人厭惡的一面，他也立即忘記，因此，對方也會以善相待。

試問，在日常生活當中，我們是不是讓許多學習善緣就這麼地溜走了？

例如在等車時，你是不是就讓時間平白溜走？由於站著無法睡覺，也無法讀書，這時如果環視周圍陌生人，你必定能有所得。

看看來來往往人群的樣子、聽聽旁邊人之間的交談，也許你會聽到許多以前不知道的知識，而且從中學習到不少。

2. 不立文字

「不立文字」，按照字面的意思是——不倚靠文字語言。

因為微妙的法門、真理，是有生命性、體驗性、根源性的，所以不能用文字語言來表現，它應是超越知性與概念的。

所謂「超越了知性與概念」，就是「真實」是不能用語言或文字來表達的。

這表示，即使是聽了語言或看了文字，也無法傳達真實的世界。

更何況宗教的世界、信仰或悟的世界，為了要傳達真實，比游泳更不能使用語言或文字來傳達。自古以來，這種情形在禪裏稱為「不立文字」。

環顧世界，台灣人可說是最重視教育、人人求知慾望強盛、文盲率偏低的國家，然而，花費在教育上的費用、時間，卻與成果不成正比。

從教育現狀來看，學生們各個處於考試的戰場上，根本沒有選擇適合學校的餘地。一旦進入學校之後，親子均只重視成績顯現的事實，支付學費，就是為了求取好成績。那些在考試中敗陣者，往往有種劣等感，教師也只重權威不重實力。現代教育可說是處於封閉世界，危機四伏。

的確，考試是測試學生能力的好方法，但不應該只憑一時的測驗斷定結果，應該花更多時間測驗更多元化的個人能力及價值。例如，在歌唱、運動、園藝方面有才華者，在各領域均是有用之材，如果一定要以背誦知識、寫出答案來看合格與否，則資格與實力之間也許就不能劃上等號了。

在通過層層嚴酷的考試關卡後，大學生將大學生活視為就職前的猶豫期，繳了高學費卻不努力充實學問，真的很可惜。

在面臨國際化的時代，台灣教育水準較之其他先進國家愈來愈低下，大學生暴增，卻反而很難培養出受世人尊敬的人材。

大體而言，學生提不起勁讀書，不僅由於本人對畢業後的人生缺乏目的而已，教師沒讓學生對學問產生興趣，也是一大原因，雙方缺乏感應交流，自然無法提升教育成果。今後雙方面應該互相分享知的喜悅，離開學校後，挑選一份最適合自己的職業。

3. 播下種子

「心」會以「形」展現，所以若不在心上播下良好的種子，就不會出現良好的「形」。即使你心中的慾念目前不存在於現實中，但是先在心上播下良好的種子，日後必然會萌芽滋長，一如你所願。例如今日的汽車、火車、飛機等，不都是先在「心的世界」中描繪此種慾念，日後才逐漸現形的嗎？

我們的心就像一塊田地，而慾念就是種子。如果想收穫麥子，事先要播下麥種；如果想收穫蘿蔔，就要事先播下蘿蔔種子。同樣的道理；如果我們想擁有美好的命運，一定要先在心田上播下良好的慾念的種子。

既然在心上播下良好的種子，就會收穫更好的命運，那麼平時在心上就要描繪良好的慾念。但自己若正遭逢不幸，反而硬要自認幸福，實在相當困難！即使明知這麼做比較好，做起來仍然不容易。就像一向自認愚笨的人，突然要他改變想法，自認聰明，又談何容易！

一年一度的全國高中棒球菁英比賽，是各校爭取名譽的好機會，每一個隊伍莫不展現出最完美的努力結晶，那種認真應戰的態度，令人欽佩。

隨著比賽的進行，透過電視畫面，不僅讓人注意到勝利隊伍的守備力及打擊力之精彩，他們面對比賽的無懼態度更清楚顯現出來，亦即除了天真的神情、健壯的體格、專注的態度之外，還令人感到一股既然決定一戰，就絕不輸給對方的勇敢。

敗退的隊伍當然是實力、運氣不佳，但也有時是被對方的氣勢所壓倒。

像這種「怎麼能輸給你」的鬥志，當然也是訓練選手的一部分。普通練習時，就得訓練選手無論何時、無論何地都不輸給任何人的自信。這種身心鍛鍊是致勝要件。

我們人生修行難道不是這樣嗎？平常就應該為自己訂定目標，累積平日的努力後，自然能展現實力與自信，不論遭遇什麼挫折都不退縮的勇氣，才是成功的基礎。如果平日急於努力，一不如意即怨天尤人，則注定是人生的失敗者。

為了不使自己踏上失敗之途，平日就應鍛鍊自己面對人生波濤的勇氣。「自暴自棄」只會讓你不戰而敗，只有「怎麼能輸給你」這種敵愾心，才能讓你在氣勢上勝人一籌。如果你說自己就是辦不到，那也只好聽天由命了。

4. 知足常樂

《憨山大師勸世文》說：「榮華總是三更夢，富貴還同九月霜，老病死生誰替得，酸甜苦辣自承當。」

有句成語說「蓋棺論定」，我們能評價他人，卻不能評價自己的一生，必須由他人來給予自己評價。但是，自己也要在確認意識當中，進行自我評價，了解自己的一生是如何渡過的。這一點不是很重要嗎？

如果對於自己的過往，回想起來，是一連串的後悔，那麼活著又有什麼意義呢？即使擁有財產、名譽或權力，即使有良妻、子嗣，若不能感到滿足，不能心存感謝，認為在自身周圍以外的地方，有著更美好的東西，且極力追尋那不實際的幻影，恐怕將會像貓狗一般，終其一生都過著不安的生活。

我們到達人生終站時，如果追溯以往走過的路，應該滿足的說「活著真是太好了」，對周圍的人應該感謝的說「謝謝你們以往的照顧」，然後結束一生才對。

如果辦不到，那麼「到底自己這一生是什麼呢？」即使到了另一個世界也會留下悔恨。這會是好事嗎？

我們當然希望得到幸福，要得到幸福就要對他人慈悲；對他人慈悲就要同情他人的痛苦；同情他人的痛苦就能夠清心；清心就會覺得舒服；舒服就能夠安慰周圍的人；一旦能夠安慰周圍的人，就能夠與周圍的人交心；一旦交心就能夠和睦的吃在一起、走在一起、工作在一起。相處和睦定能得到幸福。

相反的，沒有好的心情，事事都覺得無趣；事事都覺得無趣時，難免就會發牢騷，感覺不滿；一旦忍受牢騷和不滿時，就會積存壓力；積存了壓力，就會傷害人心；人心受傷時就會脫離自他之心；脫離自他之心就會產生疑心、對立及爭執，一旦產生疑心、對立及爭執時，就會產生不幸。

如果你只希望求得自己的幸福，希望自己清心、擁有好的心情，你就能得到好的幸福嗎？

所謂知足常樂，並不是畫地自限，知足常樂更不是得過且過。知足常樂意在告訴我們：凡事要看開一點，不可貪慕虛榮，為自己製造無謂的煩惱。

5. 驕者必敗

俗話說「驕者必敗」，安居在平和的世界上，過著悠閒的生活，而將其視為理所當然的話，漸漸的墮落蟲就會腐蝕你的體內，等你發現時，恐怕為時已晚，它會使你從內部一舉崩潰。

這個徵兆在家庭、社會、學校、政界、財界、官界都已經出現了。有心的個人或團體，在還沒有發生這種情形前，謀求一些自主限制的預防策略，遏止一些不當的言語行為。但是，有很多人卻不斷的墮落，等到悲慘的下場發生，體驗到苦果之後，才發現到事態重大，這真是愚者的行為。為避免這種情形，我們一定要遏止驕傲之心，要過著謙虛為懷的生活。

許多人在景氣好時，因工作順利，不免就得意洋洋，產生驕傲之心，對他人不屑一顧。其實這時候決不能掉以輕心，要比他人更為自重。古人會以「勝不驕，敗不餒」或者是以「不畏逆境，不醉順境」等說法來自我警惕。現在已很少聽到這種說法了，所以在任何時代，控制驕傲之心是最重要的。

自己拼命流血流汗，勞動辛苦的人，了解自己的界線，所以，絕對不會得意洋洋。但是，許多得到父母所贈與之財產，或是得到公費等等意料之外的大筆金錢，就會有一種念頭，認為「意外之財不可擺在身上」，因此，會有浪費和散財的行為出現。也有人將父母或所屬組織團體的氣派，誤認為是自己的氣派而威風凜凜。可是他們卻沒有察覺到「自身已經開始生銹了」，他們的末路是非常悲慘的。

星雲大師說：「金錢可以買到美服，但買不到氣質。金錢可以買到股票，但買不到滿足。金錢可以買到書籍，但買不到智慧。金錢可以買到床舖，但買不到睡眠。」

自古以來許多的望族，或有名的企業家的家訓一定是「樸素、節儉」，同時要謙虛為懷。然而你若是認為「財產是我的，我要怎麼用，隨我高興」而過著奢侈浪費的生活，當然家運就會走向衰敗之路。

榮枯盛衰，世有定論，看許多家庭或商店的浮沈，就可了解到這不單是命運或時代作祟，而是當事者的心態和態度所造成的結果。

6. 真正的勇者

《法句經》說：「彼於戰場上，雖勝百萬人；未若克己者，戰士之最上。」亦即，打倒對方並非真正的勇，能夠克制自己的心，才是真正的勇者。

很多事我們都知道該怎麼做，但真正做起來時卻相當困難。就像嬰兒最初學走路時，總是重心不穩，一定要摔過幾跤，才能學會。同樣的道理，在自己決定做某件事之後，也要在心中計劃數次，才能得心應手。

全國高中棒球大賽中，比賽前電視均會對各校隊伍打擊力、守備力、投手力、機動力加以評價。賽前通常對去年優勝隊伍的實力做出高評價，其聲勢如日中天。

比賽開始後，A隊與B隊互有勝負，到了關鍵時刻，A隊仗著自己的人氣，對B隊有點輕視，而這種輕視之心正好引起B隊同仇敵愾的志氣，結果B隊獲勝，觀眾席上響起的掌聲與A隊選手憔悴的面容成正比，這就是大意失荊州。

自負心極高的自我評價，是否會對選手造成影響，並沒有確實資料顯示，但人很奇怪，受大眾期待後，自己也會視為理所當然，因此，對敵人顯示出輕視心，自己也無法發揮實力。

有人以馬的雄姿來奉勸世人，「馬平常總是向對方低頭，表現出卑屈的態度，即使受他人輕蔑也不在乎，始終保持穩重的形象；但一旦牠昂首向前奔跑時，卻能予人雄赳赳氣昂昂的感覺。」

這段忠言是警戒世人，勿鄙視外表不起眼的人，以驕傲心衍生出傲慢不遜的態度看待對方，只會使你心靈蒙蔽而已。

同樣地，也有人如此忠告：「對待對方心存體貼與同情之心，是女人家小家子氣的態度，一點男人魅力也沒有。」

對於這種以自我本位為主，不顧他人的想法，提醒你：「你輕視對方，將得到對方雙倍的輕視，真是可憐啊！」

有些人不了解低姿勢與謙虛的不同，也不懂小家子氣和體貼有什麼差異。如果世上缺少謙虛與體貼的話，恐怕無一日平安無事。反觀長久以來的歷史，有哪一位傲慢不遜者能長久獨占榮華，屹立不搖？

7. 幸運自然來

「善念生，就會善解；惡念消，就不會作惡，災難自然遠離。」（取自《靜思小語》）

我們常說一個人「心地光明」，或是「心地晦暗」，似乎指出「心」還有「明」、「暗」之別。而且像「強」、「弱」、「傷」、「痛」等形容，都表示「心」俱備了各種不同的「形」。最有趣的是：「心」若是「壞透了」，還可能發出臭味，這麼一來，「心」還具有「氣味」呢！

佛家所謂：「無相即無限相。」也就是：「無相」雖然表示沒有任何的「姿」與「形」，但相對地也正意謂著它具有無限的「姿」與「形」。同樣的道理，看似沒有任何「姿」與「形」的「心」，事實上卻已表現出無限的「姿」與「形」。

有一句話說「果報躺著等」，什麼事也不做，只是等待幸運降臨，那是不可能的。只有在不斷努力之後，磨出自己的實力，幸運之神才會造訪你，正如果實成熟後自然從樹上落下的道理一樣。佛教稱此為「不求自得」。自己的實力不夠，卻想求取世間認同的外表裝飾，根本就不合理。

有位朋友對自己很有信心，四處推銷自己，期待一份好工作，結果卻四處碰壁，讓他感慨懷才不遇。實力是一回事，時機又是另一回事，不論你多麼處心積慮地想求取他人認同，假設時機不成熟，則一切都枉然，也就是不具備周圍條件。

正如水遇熱而沸騰，當達到飽和點時，即汽化成水蒸氣，從鍋蓋夾縫口往外逸，發揮極大的力量。由於有夾縫這層障礙，反而成了一股推動力，使積蓄的力量轉化為實績。

遭遇這種障礙，佛教稱為「逆緣」，如果你沒有突破障礙的勇氣，則幸運永遠不會走訪。當我們遇到逆境時，總想趕快逃走。其實這正是一個轉機，不如安心處於困境中，為自己積蓄實力，等待好機會來到。

世人總是想「成功」，積極追求卻反遭失敗，極力迴避逆境反遭不幸，因此，人們往往感慨世事無常。但逆境不正是試煉自己的好機會嗎？「苦即樂種、樂為苦種」，不必太計較得失，您認為呢？

8. 幸福的生活

無論是誰，今天比昨天抱持的希望更多；明天又比今天抱持的希望更多，都希望能夠得到幸福。但歷經千辛萬苦，卻總感受不到「幸福」，時間就這樣流逝了。

一般而言，要得到「幸福」，必須具備客觀條件與主觀的條件，才能感受到「幸福」。也就是說即使客觀的「幸福」條件具備，而自己卻無法感受到自己是「幸福的」，那麼就不算是「幸福」。

美國的政治家、科學家班傑明・富蘭克林認為幸福的條件是「健康、財富、智慧」。

但事實上這些條件很難具備，在殘酷的現實環境中，年歲一天天的增長，隨時都可能為疾病或金錢而煩惱。拼命工作，忽然發現自己已經面臨死亡，到底在這世間做了些什麼，多數人每天過著不安的生活，因此，坊間才會有健康的擁有財富，才能夠長壽的人生論。所以，每個人都希望能在財產的累積，和健康的保養上有好的成績。希望能比他人更快樂，能夠長壽。

事實上這些條件如果能夠齊備，的確能夠過著美好的生活，但若一直執著於此，則幸福人生將煙消雲散。因為你若問一個人，為何要如此努力工作時，他會回答你「為了存錢，希望能過快樂的生活」。

一位努力工作的上班族到印度去旅行，看到當地人整天閒逛不工作，於是問他們：「為什麼不工作呢？」

他們的回答竟是：「工作又如何呢？」

「工作就能夠有錢，就可以穿漂亮的衣服，可以去旅行。」

這時對方回答：「穿漂亮衣服去旅行又如何呢？」

這位上班族的仁兄說：「能夠旅行就可以輕鬆悠閒的過活啊——」

而對方回答他說：「我現在不也正輕鬆悠閒的過活嗎？那麼，又何必努力工作呢？」

要想長壽就不要勉強，不要生氣，不要擔心憂鬱，但這是何其困難。如果只是賺錢、健康、長壽，不見得就能感覺到幸福。

9. 提起勇氣

《佛說八大人覺經》說：「多欲為苦，生死疲勞，從貪欲起，少欲無為，身心自在。」

我們經常因善小而不為，因惡小而為之。「早起的鳥兒有蟲吃」，這是每個人都知道的道理，但實際上因前晚應酬、熬夜，早上起不來的經驗，大概每個人都有吧！沒有人不了解慾望及感情必須用理性來控制，但卻很難付諸行動。

不知是因為意志力薄弱，還是提不起幹勁，現代人很容易讓自己的感情作主，控制了理性，等到來不及了，才哭喪著臉求救。

但只是袖手旁觀他人的援助，對任何事均無絲毫助益。大餅不可能自己從餅架上落入你的口中。一定要靠你依自己意思提出勇氣，不畏懼地面對事物，幸運之神才會對你微笑。

鄭豐喜是一位殘障者，著有一本《汪洋中的一條船》。在這本書中，也敘述許多自己鼓起勇氣克服困難的動人故事。

即使是四肢健全的正常人，在遇到困難時仍得提起相當的勇氣，何況是身有殘疾的人呢？也許本身喜悅、感動的程度更甚於一般人，更帶給大眾「只要去做就能成功」的信念。

荀子《勸學篇》：「騏驥一躍，不能十步；駑馬十駕，功在不舍。」這和「龜兔賽跑」寓言的結果一樣，有恆心的人必然是最後得到勝利。

一般人往往做得到的事也不去做，總是推託「沒辦法、沒辦法」。槍不是放在袋子裡就有用，而是得掏出來才有效果，當你遇到緊急危險時，乍看之下不會的事情也能完成。

一休和尚有段小插曲。

當他快臨終時，交代弟子：「我死後，如果你們遇到真正的困難，就拆開這封信。」說完便與世長辭。後來寺廟面臨經營危機的大困難時，弟子想起師父的遺言，心想師父一定有什麼好辦法，於是將信拆封，裡面只有一張紙，而且只有一行字，寫著「沒問題、別擔心、一定會有方法的」。

10. 做真正的自己

可能大多數人會認為「反正事已至此，也無可奈何，著急也是多餘的」，但這種不負責任的態度，又怎可稱為好的表現呢？

單只一人的悲憤慷慨，可能無法使事態急轉直下或好轉。但我們每一個人都應該了解，自己置身於世界形勢中的狀況。如果不能夠採取為世人所信賴的負責任言行，會再次形成四面楚歌，成為世界的孤兒，跌入萬丈深淵之中。因此，我們的生活方式應該就好像鉛筆般，中有筆芯，周圍使用木（氣）。否則不管活了多久，都永遠像個「十二歲的孩子」，無法蛻變。

談到自由這個字眼，一般人都會連想到「不受任何人的束縛，可以任性而為」。但是，這原本出自於佛教的字眼，意味著「任由自己」的自主獨立的意思。要甩掉自己的慾望，不依賴他人，自己負責任的做決斷，因此，它絕對不是任性的放任主義。而大家都曲解了自由真正的意義，而將其與放任主義混淆。

無法自主獨立的人，也許會說「自由就是想什麼就做什麼」，結果如此又不知該做什麼，而陷入不安中，會被慾望所束縛。這些人也因為不成熟，故必須由他人來強制他們把事做好，才能夠成長。

但是，自主獨立心旺盛的人，能為自己負責任做決斷，擁有自由的思考，展現創造性的活動。這才是真正人生的意義。

德國思想家馬克思．薛拉曾說：「人類是具備精神的唯一生物，不像動物般被本能所束縛，也不會埋沒於封閉的環境中。人類能夠將環境提高為對象，而自己本身也能夠對象化，因此擁有自我意識，從環境中、從自己的生命中得到自由。也就是說，人類與封閉於環境中受束縛的動物不同，具有開闊的世界。」

人類擁有主體決斷與行動的自由，不受任何人的命令與束縛，而能自己做選擇。但是卻不知自由的可貴，忘記自己本身。只依賴自己的慾望或模仿他人，成為動物性人類的人何其多。

佛教經典《法句經》中也強調：「要做真正的自己」。因此迷失自我的我們，也應將這些教誨牢記在心，成為能夠盡自己責任，能夠做決斷而展現行動的人。

11. 打得響的人

有一首勸善歌說：「福在靈山莫遠求，靈山祇在你心頭；人人皆有靈山塔，好向靈山塔下修。」神是不假外求的，凡事自求多福，神就駐在你心中。

人是一種最懶惰的動物，也是一種最勤勉的動物，造成這兩種極端現象的原因是環境。

家境好的人，好吃懶做，茶來伸手，飯來張口，他不知道什麼是耕耘，也不知道什麼是收穫；反之，出身貧寒的人，終日孜孜矻矻，朝不保夕地努力工作，他把生活看作是一件很嚴肅的事情。

在凡事機械化的今日，只利用少數有能力者，即可達到工作效率，因此，無能力者成為企業裁員的對象。生活在現代社會中的我們，應該以什麼態度面對人生呢？釋迦牟尼佛在王舍城竹林精舍居住時，曾經以下列故事教示弟子。

「世上有四種馬：第一是看見主人的馬鞭立即奔馳的駿馬，第二種是看見馬被鞭打後立即奔馳的馬，第三種是自己被鞭打後才往前奔馳的凡馬，第四種是在自己被打得很悽慘後才奔跑的笨馬。同樣人也有四種：第一種是知道老遠有人受老病死之苦而覺醒的人，第二種是知道近處有人受老病死之苦而覺醒的人，第三種是看見近親受老病死之苦而覺醒的人，第四種是非得自己受老病死之苦才會覺醒的人。」

這個小插曲應用到現代上班族身上，也可以這麼說，第一種是即使上司不說，也積極做自己的事，第二種是上司提醒後才展開行動的人，第三種是上司提醒了還在一旁嘮叨的人，第四種是上司指示了還不去做的人。你屬於哪一種呢？

我們每一個人都不希望成為受他人命令才行動的他律人，一定得了解自己該做什麼，即使他人看不見，自己也會自動去做，當個自律人。

釋迦牟尼佛在遇到「打得響的人」時，參悟禪理，只是微笑著。因為釋迦尊者的心與對方的心，以心傳心交合著。

一般人均以自己為中心生活，疏忽了對於周圍的注意，於是無法察知對方「希望這樣」的信號，往往等對方命令之後，才以行動回應對方的希望，但這就像奴隸一樣，缺乏自己主體性。

12. 有知識的惡魔

每天經由電視、電台、報紙進入我們眼睛和耳朵的資訊量，非常的大。巨細靡遺都要注意的話，將會不勝負荷。應從中進行適當的取捨選擇，挑出生活的糧食。但在這資訊氾濫的時代，無法擁有自己完整的思緒，經常心猿意馬也是實情。

受到這些資訊的影響，覺得自己好像擁有許多的知識而得意洋洋。看到這種情形，讓人覺得人類真是可悲，無可救藥。

尤其最近的學校教育，只希望培養學生更多的知識，得到更高的分數，一旦被貼上資優的標籤，就能進入一流的學校就讀。誰都希望自己的孩子能夠通過升學考試，出人頭地。

教育的目的，變成是在升學考試中獲得勝利。很多人誤以為這就是人生的意義。但是，這些人無論是在學生時代或是出了社會以後，都會成為利己主義的自私自利者。不但不能成功，反而會成為落伍者，一個人孤零零的過著孤立生活。

有些畢業於著名大學，自認擁有豐富學識而得意洋洋的人。自己越是得意，越是引得他人的蹙眉長嘆，或是嘲笑罷了，只是不自覺而已。

甚至如果他人不能夠與自己同調，不佩服自己，就會謾罵對方是笨蛋、低能，使自己人格受損。這些頭銜和知識根本一無是處。

在人生旅程中，我們必須抱著好學求知的心，為了拓寬自己的知識領域，為了充實自己，一刻不懈地學習。博學如孔子，在晚年猶說：「假五十以學易，可以無大過矣！」學海無涯，學然後知不足，唯有日日勤修，才能進入學問的堂奧。

古有名訓「頭低垂的稻穗，才是豐收的稻穗」，所以站在他人之上，要更為謙虛，自然能得到他人的尊敬。不要怠忽這種自我反省，不要看輕他人，要經常改善自我，擁有宗教心。

關於這一點英國政治家亞瑟威靈頓就說：「沒有真正宗教心的教育，只不過在製造有知識的惡魔而已。」的確是至理名言。所以靠著些一知半解的智慧，想要搏倒對方或者是欺騙對方，一定會遭遇悲慘的下場。

真正宗教心是珍惜所有的生命，體貼對方的慈悲心。

13. 決定人生的目的

前幾天搭計程車時，司機表示「請提早說明目的地」並敘述以下經驗：

有一天夜裡，一位乘客上車後，便要司機「一直往前走」，當車子行駛至交叉路口時，司機問：「接下來怎麼走？」乘客回答：「直走。」就這樣直行了三十分鐘左右，每次詢問所換來的答案都是「直走」，最後一直行駛上高速公路，過了二小時，才終於知道他的目的地是位於台中市的住宅，這二個小時，全在目的地不明的狀況下渡過。如果乘客一上車即說明目的地，駕駛員便可安心駕駛了。

光是說「直走」，根本不知道要直走至何處，什麼時候該停下來，駕駛員一定相當不安。這雖是小事，但遇到與政治、經濟等與生活直接相關的問題時，就不可等閒視之了。

由於社會自由、和平，於是人們喪失向危機挑戰的勇氣，每天只是呆然地生活。感慨「生活空虛」的人愈來愈多，人們不在工作、課業上下工夫，只是過著灰色人生，有些人終於精神不支而分裂，甚至陷於自殺的極限狀態。

不論從哪一個角度來看，人們失去原來真正的面目，存在社會上的是人與人之間的不信任、對自己不信任、難耐孤獨。

德國精神科醫生法蘭克福說：「只要人對生存抱持意志力，則不論在如何艱苦的極限狀況下，他都不會失去當人的尊嚴，一旦喪失意志。即會陷於不安中，罹患精神方面的疾病，終至失去生命。」

對我們一般人而言，不論做什麼事都可以，只要在不妨礙他人的狀態下從事自己有興趣的事，就不會對生活感到茫然。

《涅槃經．壽命品》說：「是身無常，念念不住。」

不論我們喜不喜歡，每個人在生涯中都會擁有某種職業，從事某些工作。一旦退休後，整個人得到解放，所有的時間均可由自己安排。你也許會看到一些老人，不費心安排自己的生活，每天只是呆然渡過。為了避免這種現象產生，平常就應該在不影響他人的情況下，培養屬於自己的興趣。

如此一來，當你從束縛的工作上解脫後，才能有目標地悠閒渡日。

14. 正見牢固

《華嚴經》：「正見牢固，離諸妄見。」

理想是人活著的主要動力，沒有理想的人，猶如有船而無舵，只能到處漂流，絕對無法抵達目標。

晉朝的田園詩人陶淵明，在他未歸去來兮、隱居不仕前，曾自云：「少時壯且厲，撫劍獨行遊。」

多少人自小莫不抱著濟世雄心壯志；如治水的大禹、深入非洲的史懷哲、印度的甘地、高爾夫選手曾雅妮……等，這些閃亮的名字，都是理想的象徵，也是理想成就的各界英雄。

當然，理想沒有行動配合，只是空言。有了理想，並努力實踐，成功將會含笑迎接你。

「心」境明朗的人，就會呈現明朗的容貌；「心」境悲傷的人，就會呈現悲傷的容貌，這是永遠不變的真理。只可惜一般人往往忽略「心」的重要性，而只追求五官的端正與否，及虛浮的化粧技巧。

現代人每天面臨著許許多多的誘惑，被鼓噪得內心難以平靜。許多人很想專注於自己的目標，但時常在前進的道路上因誘惑而駐足，甚至偏離原意。

根據調查報告顯示，現代人的價值觀為「安定感」，即希望生活安定。希望快樂」、「希望有閒」、「生活有趣」、「真實本位」、「自我本位」。

這麼看來，「玩樂型」的確比「勤勉型」多，如果有錢又有閒，則當然不成問題，但環顧四周，不盡是現實生活不安定、勞苦多、沒有空閒、焦躁渡日、生活乏味的現象嗎？人生並非事事順心如意。

在此請各位注意的是，即使埋頭於自我本位生活中，也不要忘記回頭看看自己。人在反省時才會發現自己有多蠢，而且在反省時才會發現自己對他人或社會造成什麼樣的困擾。

你是否問過自己「自己究竟是什麼」，當然你是人。即使你知道自己是男人、女人、大人、小孩，生於何處、長於何處、姓什名什，但那都不是自己的實體，只不過是單純的名稱而已。

如果真是如此，那自己就是沒有實體的影子，不能說「這就是自己」。但「自己是幻影嗎」，也不是，現在的「我」正以文章與各位交流，你也正在接收我所發生的訊號，不是嗎?所以「我」並非幻影，而是真實存在。

我的「姓名」不只是單純的一個名稱，而是指「我本人」，不是以外之物，因此，有誰叫我的「姓名」時，我便將它當成「自己」而回應。即使閻羅王叫我的姓名，我也不得不應答。

因為我的姓名，我的存在得到自他的確認，而各位仔細環顧四周也可發現，人們往往對他人之事說長道短，關於自己則什麼也不說。自己希望別人認同自己的存在與價值，但對自己本身卻什麼也不知道，不了解自己的自我主張徒留笑柄罷了。

為了了解真正的自己，必須在受人笑罵之前，先自己笑罵自己，不會笑自己、罵自己的人，也沒有權利笑罵他人。

關於這一點，愚弄自己愉悅他人的相聲演員就很了不起，在大眾為自己極力辯白時，他們卻有勇氣嘲笑自己，真具有大智慧。

15. 真正的心

「吾心似秋月碧潭清皎潔。」這是唐朝寒山子詩中的一句。「吾心」可說是指寒山子的心而言。一般是指省悟的境界。

這境界好似清澄的秋月一般，然而，月有陰晴圓缺，是以，不像「吾心」般圓滿無缺。

那麼，是否可用如碧玉般的清麗碧潭來形容?但是，刮起風來碧潭會起波浪，會混濁，故不能與「吾心」的清淨潔白相比較。

碧潭是指深綠的深淵。

這句話的下句是「無物堪比倫教我如何說」（沒有事物能比得上物的比倫，要我如何說明呢？）

沒有任何東西比得上皓皓秋月的美，這種美筆墨難以形容，當然也不能說明。

所以把自己的心、本來的一心，用秋月來表現。

雖說本來的一心是「無」，其實是不適當的；說是「空」，也不適當；說是「有」，更不適當。本來的一心不是無、也不是空的絕妙不可思議的本來心，把這種心稱為佛心。

佛心，事實上就是真正的心，所以「吾心似秋月碧潭清皎潔。」

不知是否現代學生具備這種氣質，經常聽見學生們對於現在安排的課程有意見，認為沒必要、與自己無關、太難了、聽不懂、太枯燥乏味等等，以隨隨便便的態度聽課，並不深入探討學問的內容。好不容易繳了高額學費，結果目的只為求取一張畢業證書，而不是專心求學，真是浪費大好青春。

本來從未成熟的學生角度來看授課內容，片面決定接受或拒絕，並不合理（當然，有一些課程的確是很無聊）。即使真的有枯燥乏味的內容，也應該趁此機會訓練自己的適應能力。因為接受教育並非只是被教而已，還應該積極學習某事。

乍看之下無聊的課程，也許在你專注傾聽之後，會發現自己以前沒見過的新世界，如果因為自己認為沒必要，就將自己封閉起來，在自我設定範圍內求取滿足，是無法進步的，這就像井底之蛙只看見頭頂上一小片天空，就以為那是全世界，認為「這個我懂」、「這個沒必要學」的學習態度，只會使你侷限在小範圍中，無法看到周圍美麗的天空。

從今天開始，不要只安住在自己設定的閉鎖殼內，請延伸你的觸角，以柔軟的心面對變化無限的周圍狀況，才跟得上時代腳步。

這不單單是知識與技術的獲得，還有如何活用的問題，不僅為了自己，也要放眼地球上一切生命。

不要固執以自己為中心的思考方式，擴展自己的教養與知識，站在自己專門的知識、技術領域，以一顆柔軟的心，面對廣闊的世界。

在物質文明極度高張的時代，人們的心靈機械化也日益嚴重，大家競在物質生活上比美，卻荒蕪了心靈的耕耘，難怪迷失的青年愈來愈多，許多旁門左道的奇技淫巧相繼出現，社會版五花八門。世界日趨紊亂，精神病患和自殺人數也年年增加，人類精神的墮落，無過於現代。

追究起人類心靈危機的主因，可說現今的人已失去對真理追求的熱誠，人人唯利是圖。因此，活著除了為利外，實在不知道人生具有何意義。

16. 日新又新

《無門關》說：「扶過斷橋水伴歸無月村。」「斷橋水」是斷橋之水。「無月村」是黑暗的村子。

古時交通不發達，遇河一定要涉水渡過，此時，得靠杖來探測水的深、淺，才能平安渡河。

夜晚行走曠野時，時有野獸侵襲，此時，需用杖來發出「咔、咔」的聲響，以嚇走山林走獸；在途中遇強盜，也能成為抵抗的器具。

從佛教的立場來看，人最不可或缺的即是佛心。唐朝的禪僧常以拄杖為中心，來表現佛心，做各種問答。

要將拄杖當作表示自己本來即有的佛性來看。拄杖代表佛性，即是「扶過斷橋水伴歸無月村」這句話所要表現的，也就是用拄杖來形容佛性與人最重要的心。

如你因每天過著平凡的生活而感到憂鬱，請想想，我們就好像騎自行車般，一旦停止踩踏板時，自行車便會倒下來，無法輕易的站起來。就算自己不踩踏板，但體內的呼吸器官及細胞的活動，毫無停滯的持續進行，藉此我們才能生存。

每天遇到同樣的人，做同樣的工作，由於一成不變，無論是家庭或工作方面，都將漸漸失去興趣。習慣成自然，可能會使你掉以輕心，或缺乏幹勁。因此就容易覺得無聊、憂鬱，向外尋求不平、不滿的宣洩口，或向人發牢騷。

一旦停止踩踏這個由努力和忍耐堆積而成的平凡生活踏板，或者是忘了踩踏板，身心都會動搖、人際關係惡化、工作不能夠順利，惡性循環的結果，會加速自己走向毀滅之路。

俗話說「死水會生蛆」，一旦停滯的話，不僅自己無用，同時絕對不能維持現狀，也無法進步，只會後退。在陷入低潮狀態時，一定要吸滿新鮮的外氣，每天擁有日新又新的氣概，這點很重要。

世阿彌在《花鏡》中也說：「是非、年年、老後、不忘初心。」其意思是說，隨時隨地，不管面對誰，都要湧現與以往完全不同的興趣。不管是否習慣對方，都要接受對方。世界不停的在轉，昨天的自己和對方，也絕對與今天完全不同，它會不斷的產生變化，不斷的生存下去。如果在這種安定當中，你因這樣的穩定而感到安心，也許不知不覺的就會陷入低潮中，等到發現時，恐怕為時已晚。

所以，每天不能不斷的進行，就沒有任何的意義。

在天下太平的日子當中，我們可能就會將注意力，從自己與圍繞自己的世界的現實中移開，而停止去凝視這一切，也許感覺上覺得是一種舒適的狀態。

但是這種狀態，不可能永遠的持續下去，一旦回到殘酷的現實時，可能就會驚慌失措，不知如何是好。而無法以自己的力量解決事情時，我們可能就會求助於神佛，向神佛祈禱。但是祈禱真能靈驗嗎?能因此獲得利益嗎?的確令人懷疑。所以平常就應面對殘酷的現實，去除自己的無力感，一心祈禱，認真的生活，否則無法得到真正的解救。

也就是說，即使平常信仰篤實，不斷唸佛，向神佛祈禱，雖然不是完全無用，可是真正的問題在於你活在這世上時，平時是如何認真的生活，認真的祈禱。

你當然也可以每天在外風流，過著消遙快樂的日子。但是你也必須覺悟到，總有一天會有報應的。為避免這種情形，建議你平時就要認真的活著。

17. 一念三千

我們平常在參加比賽時，腦海中往往只想到「如何勝過對方」，假設勝利就沒什麼問題了，然而一旦無法順利戰勝對方時，愈焦急想打倒對方，自己卻反而愈戰愈敗，真是一點辦法也沒有。這時候不要只想往前進，試想著往後退看看。

大家都看過跳遠比賽吧！先將身體往後退再往前跳，是不是比立定跳遠成績來得好？開門也一樣，推不開就用拉的。

柔道、合氣道也不是自己使力，而是利用對方的力量，這時如果只想憑自己的力量進攻，恐怕就得嘗嘗失敗的滋味了。

誰都只想贏，絞盡腦汁想讓自己佔上風，但事也並非均如所料般順利。從頭至尾只有一方勝利的跆拳，一定毫無可看性，只有在纏鬥的過程中領悟致勝點，才是具有深度的競賽。不僅在實際比賽時如此，關於人生各種問題亦是如此。

有位曾小姐，現在是高三學生，她小時候便失去右手五根手指。

原因是母親不知道她的手放在門邊，用力關上門後，她的五根手指頭就這麼被夾斷了。母親對自己不注意所犯下的過錯深表懊悔與悲傷，一想到愛女的將來，便悲痛欲絕，甚至幾度想結束自己的生命。結果，她為母親上了寶貴的一課。

她上小學時，並不放棄跳繩，她將繩子綁在右手上學習，學校老師沒有人知道她的努力，甚至認為連抄筆記都不可能的她，恐怕會影響其他小朋友的學習，建議她轉至殘障學校就讀，但她並不屈服，以優異成績畢業後繼續升學至今。

她曾經說：

「這十七年來，我比別人多一倍經驗，人都一樣，沒有親身經歷，無法了解箇中辛酸。很多人對與自己無關的事並不關心，甚至吝於伸出援手，這種人很可憐，因為他們一定不了解人生的真諦，值得同情。」這是遭遇事故後所得到的啟示。

她的母親也這麼說。

「看見我女兒的手，就讓我無法原諒自己的罪過，我盡全力想彌補，想牽著她往前走，但她卻將我推開，她不僅堅強地面對各種挑戰，更充滿自信地活著。每當我看見她努力的姿態，便感到自己太沒用了。女兒是我這一生中的恩人，是我心中的佛，我從女兒身上學習到許多做人處事的道理。從今以後，不論遇到任何事，都不忘存感謝之心，更尊重自己的生命。」

面對逆緣時，是幸或不幸，端看本人抱持什麼心態。你在遇到挫折時，如何自處呢？

有一句格言說：「虛假一念，可穿岩。」

無論是多麼自大的有名弓箭手，也不能以箭來射穿石頭。

但是，若完全不理會那樣的常理，宛如一個傻瓜一般（虛假），不管任何因素，只是一心一意地想要穿透岩石，這樣深刻的堅強意念，便可產生不可思議的驚人力量。

具有小聰明的人，往往也明白這道理，但他們總是認為太過牽強，覺得一定會徒勞無功，而不願意動手去實行。諸如此類的觀念若一直持續下去，結果是什麼也辦不成，往往就這樣浪費結束了一生。

相對地，若一個人的做法看起來是「愚鈍」的，但是他確實地做到虛假一念，這樣即使再困難複雜的事，也一定會成功。

18. 拈華微笑

世尊釋迦牟尼晚年，在靈鷲山說法時，手拿一枝花給來會的僧侶們看。眾僧均默然不語，只有迦葉尊者看了這種情形後面露微笑。

於是，世尊說：「吾有正法眼藏、涅槃妙心、實相無相、微妙法門、不立文字、教外別傳，付屬摩訶迦葉。」（我有真實的教法，有能照見一切藏一切的眼睛、奇妙的涅槃之心、沒有形狀的真實形像、與不可思議的法門，現在，要把這些不用語言文字、經典教義以外的方法，全部交給摩訶迦葉尊者。）

互相了解、互相有默契的二人，只要其中一人做一個小動作，另一人即能知道對方所要傳達的訊息。

同樣地，因為釋迦與迦葉尊者同在省悟的世界中，所以，釋迦只面露微笑，手裏拿著一枝花，迦葉尊者馬上了解釋迦所要傳達的。這就是所謂的「以心傳心」。

不用語言或文字來傳達，也能互相了解，這種傳達法叫做「不傳之傳」。

不管做任何事情，只要了解傳達者的心，工作即能順利完成。當然，自己也要努力，把自己的能力提升到與傳達者相同的程度，才能達到「以心傳心」的境界。

我們對於日常生活周圍變化所產生的反應，以「情緒」、「心情」、「性情」來表現自己的感情。

「情緒」是以自己為中心的不快樂，表現在言行上的不安定感情。

「心情」則非如「情緒」般表現本能的感情，而是對周圍的狀況消極地反應感情，只不過是喜怒哀樂的表現而已。

「性情」是與前者不同的智慧的感情，也就是冷靜地對周圍環境下判斷，左顧右盼之後才確定自己信念的感情表現。

我們在這三樣感情中生活。但從腦部作用來看，「情緒」由大腦皮質下中樞部負責、「心情」由自律神經負責、「性情」由新皮質前頭葉負責。

某作家曾如此敘述：「情緒這樣東西比感情頑固，當你以為它和宇宙結合，深度無限的時候，它又一變而像百元鈔票般淡薄。」這種像變色葉一樣的「情緒」，由我們的神經中樞專司，就像有些人比較「情緒化」一樣，這是一種主觀的心理表現。這種「情緒」表現法，依各人性格「剛強、膽怯、烈性」之分，也有強烈之不同表現。

從性格心理學來分類，躁鬱氣質的「剛強」之人，其情緒反應強烈，事情如願以償則快樂、不如意則不快樂。比起這種人，分裂氣質的「膽怯」之人，以及轉換氣質的「烈性」之人，就比較能依周圍狀態或事物道理，加入自己以外狀況的判斷，比較不會像「剛毅」之人那樣純以情緒判斷。

問題是該如何控制自己未發洩完的「情緒」，尤其對於「剛強」的人而言，應該儘量淡化自己的「情緒」，敞開胸懷，虛心受教。

某位公司老闆曾說過這樣一段話：

「在公司能夠條理分明地叱責部屬的缺失，他們也都能虛心接受，但如果以同樣的態度指責妻子，感情度便會提高，彼此有理都說不清，最後陷於不了了之的狀態，一點辦法也沒有。」

夫妻或好朋友之間的「感情」，是以情緒為先行，不能適用與他人同樣的說理，彼此冷靜下來、不談情緒、重視理論，好像不容易做到。

19. 遊戲三昧

無門和尚說：「禪，實踐的探索，首先要透過禪祖師所設立的關卡。要到達絕妙的省悟，需要完全絕滅普通的心、意識與情。」而「無」就是第一個關卡。

當全身全靈研究「什麼叫做無？」的問題時，即能完全洗除過去所學習的無用處的機智，或錯誤的省悟等，長期持續並等待時機成熟，即能自然的消除「外與內」（意識與對象、自己與萬物）的區別，完全進入合一的狀態。

無門和尚說：「於生死岸頭，得大自在，向六道四生中遊戲三昧。」（雖然是在生死無常的現世裏，能獲得無生死的大自在，雖然是在六道或四生的世界中，已在平和與真實的世界中遊戲了。）

所謂六道四生，六道是地獄、餓鬼、畜生、修羅、人間、天上；四生是胎生、卵生、濕生、化生，是輪迴的世界、迷惑的世界的一切。「遊戲三昧」是斷絕一切的辨別意識，從一切的法縛、佛縛，變成自在，從一切的迷惑世界自由、解放之處活動的省悟狀態。

「遊戲」，並不單指普通的遊戲而已，也是指普通遊戲時心會非常解放，所以遊戲本身是表示完全沒有執著的絕對解放的心。例如：雖然下地獄，也會在地獄中悠然的生活；雖然下到餓鬼的世界裏，也能在餓鬼的世界中悠然的生活，這種情形就叫做「遊戲三昧」。

「三昧」是正受之意，即正當的接受。下了地獄卻不可想脫離地獄，反而要正當的接受，這樣才能悠然放開心來生活，能在地獄的世界中闊步，這種行為就叫做「遊戲三昧」。

不論任何事情都應按照自然的態度正當的接受。痛苦時，不要想脫離痛苦，應要充分的痛苦；完全接受痛苦，就能自然的脫離痛苦，這就是「遊戲三昧」。

沒有人知道自己將在什麼時候、什麼場所遭遇什麼事情。昨天才和自己愉快交談的人，也許今日突然心臟痲痺或交通事故而死亡。在我們周圍隨時可能發生令人意想不到的事。

命運之事只能交給上蒼，我們無法預測明天將會發生什麼事，也沒辦法請求他人讓自己平安無事，最重要的就是重視現在。

這麼說來，是不是我們就悠閒自在地抱持「今日、明日、一年後我還會一直活下去」的心態呢？這種人一旦知道自己明日將死，一定手足無措。

有位「女強人」在得知自己罹患癌症將不久於人世之後，記載了「死亡準備日記」。在日記中，她如此敘述：

「我從未曾為自己的病症哭泣，因為我沒時間沉浸在感傷中，在極有限的歲月裡，我想的只是如何讓剩餘時間更有意義。」

當死亡就在幾個月之後時，即使不知明天會如何，仍應訂定計畫，否則就與死亡沒什麼二樣了。她曾經說：「不管我在什麼時候離開人世，一點悔恨也沒有，真的連一點點也沒有。」

這種生存態度與每日起床後什麼事也不做，只是說三道四地日復一日、年復一年的人比起來，真有如天壤之別。

羅那德．塔．比奇說：「好日有好眠、好人生有死亡靜靜造訪。」以創造完美的人生迎接死亡，將每一天都當成最後一天地做好每件事。

20. 規範自己

殺害全家，青少年犯罪事件近來層出不窮，讓人感到身旁隨時可能發生犯罪事件。現代人權利主張態度傲慢，舉動強橫、道德低下，彼此間的不信任感與日俱增，遇到利益相對時即反目成仇。

青少年的家庭暴力、校園暴力傾向，絕不應該只苛責孩子，應該探討家庭崩壞的原因。在雙親都上班的家庭，小孩與父母親日益疏遠，父母親為了金錢而不斷向外努力，造成小孩的行為偏差。

凡事都該有限度，不要忘記這是個群體社會，因為有對方才有自己，一味地採取自我本位主義，凡事放任而行，總有一天，你會在不知不覺中逾越規矩，甚至再也無法規範自己。喝醉了就失態、我行我素的行為，會引起旁人反感，希望各位明白，逾越限度一定會產生不良後果。

最近人們好像忘記「廉恥」的美德了。並不是要大家凡事忍耐就好，而是必須時刻問問自己：「我的做法是不是太過分了」，如果答案為「好像逾矩了」，則自己就必須格外小心，這是紅燈信號，千萬別硬闖過去。

希望每一個人都能在接受批判之前，先自我反省是不是所為在合理範圍之內，有沒有超越界限，這才是自我規範之道。

《阿含經》說：「愚者自造行，所作皆非法；正見反常律，邪見日以滋。」在五濁的混噩世裏，愚思邪念常常造作出匪夷所思的行為。

每一個人都希望讓自己喜愛的人快樂幸福，即使自己因此而多吃苦，也在所不辭。

但是相反的，對於自己不喜歡的人，卻絕對不會有這種念頭，反而想處處刁難，令對方難堪。如果看見自己不喜歡的人正開懷大笑，心裏一定不是滋味。又如在觀賞棒球比賽時，若是自己喜愛的球隊打贏了，必是雀躍萬分；若是不幸，自己討厭的球隊打贏了，必是捶胸頓足；如果自己喜愛的球員擊出全壘打，自是得意非凡；但若不幸地，自己喜愛的球員被連連三振，必是大肆攻擊對方的投手。

為什麼自己會有這些反應呢？簡單地說，因為自己已和喜愛的人融合為一，對方高興，自己也會高興；對方難過，自己也不快樂。

當自己喜愛的棒球選手擊出全壘打時，心中興奮莫名，就像自己擊出全壘打般；但是，當自己喜愛的球隊輸球時，很可能茶飯不思，垂頭喪氣，就像自己被打敗了一樣。

由此可見，一個人很容易被自己的好惡所左右。如果你能多喜愛他人，就表示經常想讓更多的人高興，因而要求自己的態度親切、和善。相對的，你所喜愛的對方也會因此喜愛你，想辦法使你高興。如此一來，你喜愛的人多，喜愛你的人也多；你所付出的一片關懷，將會得到更多的回報。

在日常生活中感到寂寞、無聊的人，一定非常自私，只知道要求別人，祈望獲得更多的關懷。這種人是「心」的乞丐，因為他們只要求別人讓他高興，而不知反省如何使別人喜悅。最後他們的朋友愈來愈少，生活也變得更空虛，更無聊。

因此，如果想使自己的生活愉快、明朗，首先就要努力讓父母、兄弟姊妹及朋友感到愉快。假使自己能帶給身邊每一個人快樂，那麼對方也一定會回報你，使你生活在快樂之中。

21. 言行一致

我們的命運決定於「心」中的「慾念」，而「心」中的「慾念」又靠言語的力量來確立，因此可以說，言語的力量足以支配人類的命運。

但是，「言語的定義是什麼呢？」關於這一點，《生命的真相》書中闡明道：「言語並不專指只能用耳朵聽見的聲音波動，其他如思念的波動也算是一種言語。在日常生活中，思念、聲音，與表情便是重要而可左右你我命運的言語。」

如此說來，本書所謂的「言語」指的是思念、聲音，與表情三者。若想開拓美好的命運，就要善用美好的思念、聲音與表情。

只要我們經常敘述美好的事實，就會在心上產生美好的想念；而美好的想念會使我們展露美好的表情，由此可見，聲音、思念、表情是三位一體的，無論缺少那一項，都不能算是真正的言語，唯有善加運用此三者，才可能開創美好的未來。

若就狹義而言，言語是指我們說話的聲音，這種聲音會在無形中造成心理上的重大影響。所以，平時我們就要注意，不要說些不好的言語。如果背道而馳，很可能在心理上造成不良的影響，導致不幸的命運。

經常在電視畫面上，看見立法委員們宣誓「發誓所言屬實」，但像台灣這種無絕對信仰宗教傳統的社會，發誓就算數嗎？發誓後所說的話就不容懷疑了嗎？答案應該是否定的。因為即使說謊，也不會被超越存在的神明斷罪，由於信仰意識淺薄，所以時常會有偽證、非合理行為、超法規行為出現。

例如，政治人物在選舉時不遵守公約，企業家鑽法律漏洞，開車超速、違規停車等行為，只要不被逮到，就一點犯罪意識也沒有。如果不幸被抓，雖然表面顯示悔意，其實內心反抗「大家都這麼做，只是我比較倒楣被抓到而已」的人何其多！因此今後所應重視的，應該是潛藏在心底的真意，而不是表面的言詞。

天台大師在其著作《摩訶止觀》中提到，「必心觀明了、理慧相應、言行合一」。這種行為、言詞合一的人生，不正是我們應該努力的目標嗎？

每個人當然都希望自己所說的話在別人耳裡、心裡留下美麗的印象，但太過拘泥於此，有時言語表現便與心底想的內容不一致，甚至空洞、無意義，或者根本就是謊言。

政治家、官員經常說：「這個問題我們會再研究。」這並沒有提出具體解決對策，只不過陳述意見而已，像這種無實體、無責任的話說多了，還有誰會相信？如果這是產業經濟界的發言，便缺乏信賴基礎，生意很可能一夜之間消失。

例如，對方答應你交貨時間，你也對此有效率的交貨時間感到滿意，但到了約定日期，對方卻交不出貨來，這種「說是一回事，做又是一回事」的對象，你敢和他再有交易嗎？

要忠實地遵守此約束，彼此信賴是重要前提，不僅政界、產業界應如此，一般人日常生活中也應該重振彼此信賴關係。

經常看到有人嘴裡說「我做」，實際上卻拖拖拉拉地不知要到什麼時候才做，最後又好像沒什麼事地說「我不會做」。希望我們每個人都能認真看待任何事情，可以就說可以，不可以就說不可以，不要隨便答應後再反悔，損人不利己。

當然，也有真心想遵守雙方約定，但卻出現某種因素導致諾言無法實現的情況，這時候，我們應該向對方說明原委，請求對方原諒，並且賠償損失。

22. 口誦心行

六祖慧能說：「口誦心行，即是轉經；口誦心不行，即是被經轉。」

現在新父母對小孩可說極為寵愛，甚至降低自己水準與小孩一同說兒語。像這種沉浸在與小孩融為一體喜悅中的雙親好像不少。

寵孩子、放縱孩子，孩子得不到好教養。

父母親在家裡不教育孩子，到了學校才拜託老師教育小孩，這樣已經太遲了，連父母的話都不聽了，怎麼可能聽老師的話？

每一位父母都一樣，希望自己的小孩惹人愛，希望培育優秀的小孩。但為人父母者，請問你在教育上下工夫了嗎？

教育小孩必須採取堅定的立場，當小孩犯錯時，一定要讓他知道，這樣絕對不可以，指引他一條正確的方向。如果一味地認為孩子還小，放任他自由，那就等於將小孩丟在看不見出口的黑洞裡，小孩得不到正確的方向，便在黑暗中培養出偏差的性格，而且一旦不良習慣養成後，就很難改了。

然而，父母要告訴小孩的應該是如何辨別事物，而不是下斷言「這樣做好、那樣做不好」，或以命令的語氣「去讀書、去寫功課」，這種態度反而帶來反效果，壓抑了小孩的自發性，也造成小孩對父母親的反抗性，百害而無一利。愛小孩應該是疼他而不寵他、教他而不命令他，而且立場要堅決。

現代兒童多半在物質方面不虞匱乏，但卻對「教養」缺乏自信。的確，許多孩子看了認識的長輩，不打招呼也不覺得失禮；失信於人也不在乎；另外說謊、走後門、注意力不集中等等，不都是父母親給予的生活環境範本嗎？有人大力主張強化兒童道德教育，但雙親是不是更必須教育呢？

高速公路大塞車時，就會有許多駕駛無視法律規定而行走路肩，甚至志得意滿地讚揚自己反應快。誰不想盡快到達目的地呢？這種無視交通規則的人，應該給予重罰，他根本沒有資格開車。

當全家一起至公共場所時，搶佔位置的不是小孩，而是父母親。小孩不是聽父母怎麼說，而是看父母怎麼做，所以教育應先從雙親開始。

有的父母為了督促子女用功，經常會說：

「你的頭腦比別人差，一定要加倍用功……」

如此經常以言語暗示子女的智力不如別人，結果真的會使子女變得比他人愚鈍。

再者，許多妻子因為關心先生事業，經常會說：

「你的能力不是頂好，一定要努力表現，不能輸給別人……。」

如此反覆叮嚀，結果她的先生也不可能贏得別人。

我們千萬不可忽視日常生活中言語的力量，否則原本出於善意的鼓勵，都將化為泡影，而變成負面的影響。

在我們的一生中，常會面臨各種問題，這時廣求忠言，多作參考，是非常有利的。當我們採納了別人的忠言，解決了眼前的難題，日後不但知道如何應付相同的問題，同時也將發現自己體內具有無限的力量。

每一個人的體內都具有尚未發掘的無限力量，不論遭遇任何難題，一定要相信自己有能力解決，並且勇敢地面對它。

23. 無心的世界

《槐安國語》說：「風送斷雲歸嶺去，月和流水過橋來。」

斷雲即是片片雲朵之意。

風把片片雲朵推送到山嶺的那一邊，月影映在流水上過橋去。

在此要注意的是，不可認為風不想把雲驅走，月影不想與流水一同過橋去，因為這些都是自然的現象。只有在自然的狀態才能到達無心的境界。

這句詩句是表示無心的世界。

雖然風把雲向山巔的那一邊推送，然而風並不是有意將雲推送過去，而且雲也不是想要被風吹送。風與雲，或月與流水都是無心的。

人也相同，如果能放棄一切膚淺的智慧、辨別心等，在無心中過一天的話，這世界即會變成和平的了。

生活本來就沒有什麼邏輯，一切皆是因緣。

無論是閱讀，或是電視節目，都是為了滿足觀眾和讀者的需要。越暢銷的東西，越是加以製作，一味的反映國人的要求，令人感到羞愧。雖然要擁有表現和言論自由，但是，本身要有節制，連別人討厭的東西，都暴露出來，這不算是一種自由。不能夠因為一般大眾想看、想閱讀，就認為這是大眾傳播的責任和使命，這真是詭辯之辭。

如果只是一味的迎合大眾的口味，只要是暢銷的，就拼命製作，就好像販賣麻藥和興奮劑一樣。這種毒害會腐蝕人心，引發犯罪，一定要徹底展開相關調查。

當然不能再回到舊時般的限制個人的表現及言論的自由，但是，一般大眾傳播和觀眾也應該自主規範一番，然而，這似乎是不可能的。

總之，大眾傳播業不製作低俗的節目，一般大眾也不看，自然會被淘汰掉。這時你就會發現，這世上還有更美更尊貴的東西存在。每位國人自然而然的接受一切高貴的東西，則一切低俗的東西自會銷聲匿跡了。

難道只有我對現在的國內大眾傳播現狀感到憂心嗎？

最近大眾傳播熱，的確非常的異常。哪怕是些可笑的節目或報導，竟然能夠提升收視率，增加讀者。號稱天下公器的報導，打著真實，具有公正性的口號，但經仔細調查發現，很多都是假造的。

若是報章雜誌做一些不實的報導，會使讀者及相關者深受其害。平常我們對於廣告的抵抗力就比較弱，總相信刊物中的報導都是真的。縱使被查出是所謂的不實報導時，頂多是刊載些訂正或道歉的啟示罷了。但是許多揑造的報導，卻使得受害的關係者，處於言論暴力下，只能躲在角落暗自哭泣。

這種令人憂心的風潮，並非只將責任歸咎於大眾傳播媒體，觀眾及讀者喜歡具有挑撥性的節目和報導，這也是事實。如果沒有這種需要，也不會有這種報導出現。

我們對於透過大眾傳播媒體報導出來的東西，一定要用正確眼光加以判斷，不能夠全部囫圇吞棗。

現在世界上的任何消息，都可藉著衛星播送、傳真，或網路等設備，輕易得到。所以透過任何手段，所得到的國內外任何資訊，都需利用我們正確的判斷力，經過分析，加以取捨，這樣才能對我們今後的生活有所幫助。

24. 美麗的心

常有人這麼說：

「我想早起，可是做不到！」

「我想用功，可是做不到。」

像這種想做某事，卻力不從心的感覺，一定相當痛苦！如果能隨心所欲，想怎麼做就怎麼做，一定非常快樂！然而我們往往不能從心所願，各位想過這是什麼原因嗎？

心理上「想要用功」，但實際上卻做不到的原因，是表示心中另有一種「不想用功」的念頭存在，所以阻礙了一個人的行動。只要明白「人的行動是由心來支配」，就不難了解「想要用功」卻做不到的原因，正是「不想用功」的心還在支配著你的緣故。說起來，「心」的力量實在奇妙。

當我們遇到不如意的事情時，是不是立刻向周圍人一吐為快，事後才後悔「糟糕，說錯話了」。當我們為了赴約急急忙忙出門，半途中才想起什麼東西忘記帶，不得不折返，浪費了更多時間的經驗，大概你也有過吧！是不是十分懊惱？

大家耳熟能詳的一句話，「欲速則不達」，當我們愈著急時，愈容易出差錯，愈容易有所遺忘。也許這時候我們的面孔如阿修羅般恐怖，心則如餓鬼、畜生般貪、瞋、痴。

世間男女都一樣，因為人是感情的動物，感情在心中運行，影響我們的一生。這是自業自得的業障，為了不使自己陷於這種難以自拔的感情漩渦中，一定要有沉著面對自己的冷靜態度，任何行動之前，都必須經過審慎的考慮。

佛教《法華經》中有「身心寂不動、求無上道」之句。意思是不論遭遇什麼難題與誘惑，均不使自己的身與心轉向，保持安定心，只專念於追求佛道。匆匆忙忙的行動會產生不良結果。

「忙」就是「心亡」之意，心亡則無法打擊自己心中的魔性。必須隨時隨地合掌保心，即使生氣、焦急，也不忘安定地行動。

環視我們周圍，如果要為社會不當事件或他人說的話而氣憤，那麼，必定一刻也不得安閒，這種憤怒之心是因為自己沒注意而引起，對於沒耐性者而言，更是一連串的愚痴與不滿。

這種氣憤通常起於對方不對，或自己無理，但一般人善於將原因轉嫁於他人，即使告訴他並非如此，他也聽不下去，對這種人諫言可謂百害無一利，反而如火上加油般，只有靜待其情緒恢復後再說，氣憤之心是聽不下任何諫言的。

如果發現自己也是這種沒耐性的人，奉勸你依下述方法改造自己。這是在某個改造自己的講座中所施行的方法，當場請在座者想像自己最憎恨的對象臉龐，然後寫下對方十條不可原諒之處，最後在姓名欄中寫下自己的名字。

其實讓你憎恨、生氣的不是對方，而是自己本身，如果能早一點注意到這麼醜陋的自己，就沒有必要這麼生對方的氣了。

當各位想生氣時，何妨想想生氣時自己醜陋的模樣。

佛教詩人曾詠道：「因為你的心美麗，所以你看任何事物都美麗。」當你生氣時，你的心鏡一定如烏雲一般。

想生氣時，請自己告訴自己「等一等」，從一數到十後再行動。

25. 具有魅力

有人說：「他的人很好，可是我不喜歡他！」

既然對方人很好，自然應該喜歡他，但是又為什麼會不喜歡呢？一個人的心中竟然同時存在著好、惡兩種矛盾的感情，實在不可思議！而一個人無法同時控制兩種相對的感情，又實在令人洩氣。

像這種有心想做某事，另一個力量卻出面阻撓，就表示有正、反兩個自我存在。正面的我「想要用功」，負面的我卻認為「做不到」。就像前面所說的「他的人很好，可是我不喜歡他」也是兩個自我對立的結果。

著名的心理學家佛洛伊德便對「兩個我」從事科學性的研究。他認為：人心有兩種作用，一種是「現在意識」，一種是「潛在意識」。現在意識指現今浮現於心上的顯象；而潛在意識雖然屬於心，卻是連自己也難以察覺的隱象。後者雖然也屬於自己的心，但卻難以察覺，實在非常奇妙。

當你第一次認識某人，就覺得「我不喜歡這個人」時，不妨閉上眼睛仔細想想，在你所討厭的人中，是否有人和這個人的面貌相類似？如果在親戚朋友中找不到，很可能是從電視或電影中得到的印象。

或許你早已忘記了那個令你生厭的人。但是在潛在意識裏，這個感覺卻永遠鮮明。因此，當你遇見面貌類似的人時，就會直覺地討厭對方。

在我們的心裏，另外有一種反應是：

「遇見喜愛的人，就想極力討好對方。」

換句話說，如果對方是自己喜愛的人，就會想盡辦法為對方服務，博取對方的歡心；但是，如果對方是自己討厭的人，往往會多所刁難，令對方感到難堪。這些行動，很可能出自本意，但有時卻是無心的。

當我們不喜歡某人，而在無意識中做出傷害對方的行為時，就是潛在意識作祟的結果。

普通我們認為容姿端正、言行舉止合宜的人具有魅力。的確，具備這種條件的人被世人捧得高高的，成為無知愚昧者的憧憬對象。但老實說，世上並非只有這種人具有魅力。

不論容姿如何，只要具有一心不亂的意識與目的，埋首其中，那就是極動人的魅力，尤其是不計自己利害得失，為他人付出者。

例如：默默在殘障者設施旁工作的人、每天早晚在路口為學童指揮交通的人、那些上了年紀仍不斷為下一代盡心盡力工作的人、公車駕駛、藝術家等等，其認真的態度都散發出魅力。

對於某件事專心一意、燃燒熱情，抱持著捨我其誰的使命感，令人不得不認同其價值，這不也可以稱得上是一種信仰嗎？

信仰並非指信奉特定的神佛而已，還有專注於眼前目標所產生的努力。也許這些人並沒感受到自己是有魅力的人，但就在自己向具有魅力之事邁進的同時，自己也成為有魅力的人。

對任何事都不驚奇、不感動的人，也許活在這世上根本沒意義。

所謂有魅力的人，並非指容姿優美、談吐優雅，而是本身自然散發出屬於自己的美麗，不是模仿之美才是真美。

26. 聰明的笨蛋

《槐安國語》說：「狗吠乞兒後，牛耕農夫前。」

狗會對著衣衫襤褸的乞丐吠叫，牛會拉著犁耕作。狗只是在吠叫，牛默默的耕田，這種無心表現自然的情形，即是省悟的妙境。

狗跟在乞丐後頭奔跑，農夫拉著牛辛勤的耕田，這種自然景象常可在農村裏看得見。

徹底大悟的人，會回復非常自然體，所以，不會勉強壓抑煩惱、不會把快樂的事情當做不快樂，不會把悲傷的事情當做不悲傷。

快樂時盡情快樂，悲傷時大可痛哭流涕、傷心難過，這種情形就是一切皆空，這是因為修行了空華的萬行之故。

「狗吠乞兒後牛耕農夫前」即是這種心境的最佳寫照。

在一生中的某個時期，自己的經濟遭遇困境，或者是精神上遭遇挫折，只有嘗過這些痛苦的人，才能對現有的一切懷抱感謝之心，不忍見他人受同樣的痛苦，會擁有體貼的感同身受之心。

但是，現代人享受豐富的物質生活，在不知辛苦為何物的環境中成長，將所有一切都視為理所當然，因此，對於他人的痛苦不會產生憐憫之心，而是一直抱持冷淡的態度，根本覺得若無其事。也就是說失去機會去感受他人的痛苦，不具有這種纖細的心，所以人類真是不幸。

像這些人一旦遇到困難時，就會感嘆自己的遭遇，或者是滿腹牢騷訴說自己的不滿，給他人帶來麻煩。如果一生貴人不斷，也許就不會有重大的問題，否則，人生即會陷入悲慘的境界。

事業失敗、失戀，或者是罹患疾病……誰也不能保證一生都不會遇到這種不幸的事情。事實上在看似幸福的人生背後，不幸的陰影會悄悄逼近，大家一定要了解這一點、覺悟這一點。曾經辛苦過的人，才會有這樣的體驗。

古人說：「年輕時的辛苦，即使花錢都應買來。」習慣於奢侈，習慣於幸福生活，而傲慢不遜的現代人，不可能持續過著這種好的生活，我們一定要謙虛的活著。

某評論家說：「大家一起喝酒時，會表現出最差的人格來。」通常大家一起吃喝玩樂時，可能會對他人說出一些自以為是的歪理，或者是展現自己的學問。如果雙方展開議論時，有時會產生言語的爭執，最後只好吵鬧收場。

歌德也曾說：「一直接受別人感謝的人，會漸漸忘記向他人感謝的心。」

自以為自己是偉人，接受他人感謝是理所當然的事情，甚至會無視於對方的存在，而這些人世人批評他們為「聰明的笨蛋」。

別人對我們有些許的的褒獎，一般人都會非常的得意，覺得自己好像很偉大似的，而說一些驕傲的話，神氣十足的昂首闊步。

但這時候，就應對自己說「要了解自己的身分」，同時還要知道「那樣的態度，縱使被人用鐵槌敲打，也是應該的」。

「簡單不一定容易」，世間最容易做的事往往也是最難做的事，最難做的事也能轉化為最容易做的事，關鍵就在於你是否願意去做，並且能否持之以恆。

27. 改變人生觀

很多人會說：

「如果相信佛，病就會好，那麼，這個世界上又何必要有醫學院、醫生或醫院呢？」

有位醫生過去也有這種想法。如果病人都靠信佛治病，那醫生不就要失業了嗎？但是現在他會換個方式勸人說：

「因為你相信佛，所以心情有了改變，而疾病也會離你遠去。」

或許一般人比較容易接受這種想法。因為「心」對於身體具有莫大的影響力，只要心情改變，病一定會好。這是千真萬確的。

譬如過去為了點芝麻小事都會大發脾氣的病人，一旦信佛之後，因為凡事都抱著感謝的心情，態度祥和平靜，對於整個病情的影響必是大有助益。

前先日子，有機會到蒙古去了一趟，在那兒的沙漠中想起許多國內的事情。覺得正如俗諺「百里不同風，千里不同俗」所說的一樣。一旦生活條件改變時，想法和生活方式也會改變。

現代的蒙古人，除了居住於都市中的人以外，大都是住在移動式的帳篷蒙古包中，飼養山羊、羊、牛、馬、駱駝等家畜，逐水草而居，過著游牧生活。這樣的生活方式，和我們這種以農耕或工作為主的定居生活，截然不同。

也就是說，對於不斷的和家畜共同移動的他們而言，傢俱、調度品或其它的「物質」，並未帶給他們豐富或便利的生活，反而會成為移動的阻礙，儘可能的減少這些行李，做到簡單的移動。

因此，拜訪他們的住處時發現，裡面除了佛壇、床、調理用具以外，幾乎沒有固體物。只要一小時，就可收拾好帳篷，揹在駱駝背上，再移動到下一個居處。

這種游牧社會，當然不會有想擁有土地、房子等不動產，或者是金錢、證券等動產的慾望。縱使有慾望，也只是希望增加健康的子孫或家畜，希望能在偉大的天地，自然的懷抱之中，過著悠遊自在的生活。

對他們而言，即使擁有廣大的土地或住家，一旦那兒的草被家畜吃光以後，就會變成不毛之地，家成了無用的東西。就算擁有動產，可是沒有買賣交易的商場，金錢對他們而言，也只不過是一堆廢紙而已。生活的必須品，大都在市場用「以物易物」的方式換來，所以根本不需要金錢。這種游牧民族的生活方式，和我們的生活方式完全相反。具有從衣食住行等生活各個方面，去除多餘物的素質。

當然要我們模仿這種游牧民族的生活方式也是不可能的，但是，對於這種不會任意生產或消費「物質」，對物質沒有執著心。面對一切自然所賜的東西，都以感謝之心來接受的生活方式，難道我們能認為它是貧窮嗎？

我們的想法會因時、因地、因時間，因情況的不同而改變。所以當我們的想法遭遇挫折時，請換個角度思考，不要拘泥於同一想法上。

例如，下定決心想要完成一件工作，能夠順利進行，那當然最好，但有時難免遇到困難、挫折，不能夠順暢進行，這時候應先找出「為什麼會變成這樣的情形呢？」找尋失敗和挫折的原因，反省是否因為自己對事物的看法不夠正確。

「胸有江海，方能洶湧澎湃。」若想擁有大格局，開拓自己的眼界，那麼，拓展自己的心胸，為第一要務。

28. 中庸的智慧

一僧問：「何處尋生死去來的遺跡？是否自出生之處而來？」

明本答：「水流元人海。」

僧：「是否向死亡之處而流去呢？」

明本：「月落不離天。」

這是元朝明本禪師與一僧侶的問答。

禪道中有句禪語——萬法歸一。表示一切會回歸於一。「一」，不是狹隘的唯一的神，而是指一切人所擁有的佛心；佛的心。佛的心也可叫做無心或佛性，也叫做根源的一心，自覺根源的一心，才是佛教修行的終極目的。

「水流元入海，月落不離天」，其中的海與月，都是表示根源的一心。

世界上無數大、小之河，終日不絕奔流入海，是歸一的表現。

人活在這個世界上，會思考各種事情，會產生各種想法，然而，產生之後又要回到原處，即是根源的一心。今天悲哀的心，是不會悲哀一輩子的，明天將會變成快樂的心；好似河水潺潺入海，即使中途突然下大雨，大量的水流入海中，海水也絕不會滿溢。

自然現象是奇妙的！人的心也相同，雖然心中存有各種思想、思慮各種事，心也不會因此變成太重或破壞，因為人的心，本來就是空。

各種物體照在一面鏡子上，鏡子也不會因數量多而變壞，因為鏡子本身是沒有顏色之故。人的一心好比一面鏡子。

把一心比喻為月，月落西山，並不是指月從天上掉下來了，它只是沉入西面山嶺的那一邊而已。同樣地，佛心雖然被煩惱的雲朵覆蓋，致使光輝不再，但是並不是佛之光消失了，只是被雲遮掩住罷了。

仔細看世上大部分的人，可大別為「完全主義者」與「隨意族」二類。

「完全主義者」因守自己堅信的原理、原則，並且不僅自己實行，也要求對方實行，如果對方做不到，便加以指責。

「隨意族」沒有自己確定堅固的信念，隨時依周圍狀況調整自己，凡事缺乏勇往直前的幹勁，討厭受人束縛，屬於怠惰者。

從前者，完全主義者的觀點來看，後者隨意族的言行令人焦急，做事缺乏準則。從後者，隨意族來看，前者完全主義又太過拘謹了。這兩種人在世上糾葛存在，形成各種人生模樣。

我們人類就像法國思想家帕思卡爾所言，是屬於「神與動物之間的中間存在」，比中間稍微優秀者近神，即完全主義者，瞧不起周圍的人。另一方面，比較接近動物的隨意族，則有放任的傾向。兩者互相看不順眼、互相誹謗，勝利的一方往往是完全主義者，因為這種人比較會說話。

佛教所教示的「中庸」智慧，並不偏向這二極端的任何一方，而是維持中立態度，當你發現自己偏離中心時，一定得自我矯正。

對於完全主義者而言，因為潔癖性，不依自己的想法拘泥某些事物，就無法滿足。反之，對隨意族而言，凡事都依周圍狀態而調整腳步，往往缺乏意欲與主見。這二種人生都偏向極端，我們所希望的不是兩眼全開，也不是兩眼全閉，而是睜一隻眼閉一隻眼的中庸之道來對待人生。

29. 自己是什麼

《佛說四十二經》說：「學道之人，不為情慾所惑，不為眾邪所擾，精進無為，吾保此人，必得道矣。」

有些人相信，只要有衝勁，做任何事都會成功。但事實上並不盡然！因為，若是不懂個中原理，即使衝勁十足，仍然不可能做好。就拿不會開車的人來說，任他再有衝勁，也發動不了汽車；即使發動了，徒然造成自身及他人的傷害。再者，電視機故障，如果不熟悉機件性能，只憑一股衝勁，不但修不好電視，還可能因接觸高壓電，導致傷亡。

所以，不明白個中法則，只靠一股衝勁，是有害而無益的。同樣的道理，不明白心的法則，只是一味奮鬥，想追求幸福的生活，也難以達成目的。因此，如果有人認為自己的身體虛弱，就應該讓他經常告訴自己：「我的身體很好！」同時在他身邊的人也要經常告訴他：「你的身體很好！」如此才能使他真的變為強壯。

有位船長財務發生困難，於是異想天開，自己向保險公司投保，以兒子為受益人，然後故意製造翻船事件，使自己失蹤，向保險公司詐領保險金，而其本人則利用假名匿藏他處，但最後仍被逮捕移送法辦。

也有一位男性在同居女性為其產下一子離家後，獨自撫養小孩，他沒有為小孩報戶口，也沒有為小孩取名，只以「喂」來稱呼自己的小孩。

這些事在一般人眼中真是不可思議，如果人們裝死、無名地存活於現實當中，各位想想看，這將成為什麼樣的社會。

戰爭中的國家管制嚴格，如果沒有戶口就領不到配給，所以，這種人大概無法存在。但在人口流動激烈的自由國家，戶籍其實是有名無實，任何人均可任意居住在任何處所，甚至無國籍者、難民、犯罪者也能在這個社會裡悄悄生存。

沒有戶籍制度的美國，其海外、鄰國移居的不法居住者，已經超過一千萬人以上，由於這些人不能接受社會福利與教育機會，所以成為犯罪的溫床，這一點連政府也束手無策。

另一方面，在高唱個人尊嚴與人權的同時，有些人便為了私利私慾而選擇自己最有利的生存方式，這種人有意無意地拒絕自己被社會認知，只能從事天衣無縫動物性的生活方式。

也許他們也不知道「自己是什麼」，終生「無名地活著」，這樣活得有價值嗎？的確，活在這個世界上，有許多煩人的事情，一個人的存在也許和不存在相同，但如果因此自我否定存在的價值，則當人和當蟲又有什麼不同？根本不必當高等動物嘛！

普通我們很容易聽見周圍人事發出的聲音，很少人聽得見自己的聲音，這是理所當然的，因為人的耳朵向外，只要三半規管能區分聽見的聲音「好聽」、「不好聽」就夠了。而且從耳朵的位置來看，聽不慣自己的聲音也是正常的。

但並不是說因此自己的聲音聽起來就不好聽，應該說，人們藉此調整對周圍的音量與內容，希望留給對方美麗的印象。

我們往往只在乎自己的外表，疏忽了本身的內在，在今日這般喧嘩的世上，實在有必要時時聽聞自己的聲音。

「自己到底是什麼？」這種自我反省的功夫，對現代人而言相當重要。

30. 善惡終有報

佛法說：「諸惡莫作，眾善奉行，自淨其意，是諸佛教。」意在勸導世人，必須經常自我省思，在慾念上是否滌清濾淨，沒有沾染貪瞋癡的邪念。

「他做那麼多的壞事，卻好運連年，我這麼努力，卻始終遭遇不幸，為什麼呢？」這種咒罵社會不公平的人，比比皆是。

的確，在惡報時機未成熟之前，即使一再重複惡行，仍然幸運不斷，但當惡報時機成熟時，那些惡事的果報便會降臨。

同樣地，行善之人在善報時機未到之前，屢屢遭遇不幸，然而一旦時機成熟，善報自然降臨。

這種惡因惡果、善因善果的因果報應原理，可以從很多例子加以證明。

例如：「反正沒人看見」，因此順手牽羊，或者搭車設法逃票，一次、二次成功後，便食髓知味。也許前幾次會有良心受到呵責的感覺，但重複多次之後，便習慣成自然，覺得這也沒什麼，於是愈陷愈深而不自知，養成惰性的惡習。

如果這些只是小過失，也許會受到原諒，但假設你的過失對他人造成傷害，已經到了無法原諒的地步，這時即使想反悔也太遲了。

有位著名小說家的妻子，並非經濟拮据，但卻有竊盜的習慣，有一次她在商店順手牽羊後被發現，主人將其送交警局，經過丈夫為其寫悔過書後，第一次被釋放。但她仍然惡習不改，數度因竊盜而進出警察局，最後診斷為病態異常而受保護、隔離。這是異常性格的情形，幹過一次後就很難收手。

當「心」以「行動」出現後，行動便會創造自己的生活環境。也可以說，自己的生活環境是由自己的心創造出來的。

「心」會影響「環境」，但是心理學家姆士卻說：「一般人總認為：因為快樂，所以笑。但是相反的我們也可以說是因為笑了，所以快樂。」

這個道理是在說明「心」和「形」是相互影響的。因為快樂，所以笑，當然正確；但是因為笑了，所以快樂，卻也不假。

一個人的坐姿端正，心也必定清明；若是坐姿不雅，心就必定散漫；只要換上睡衣，自然而然就會想要睡覺，總沒有人會在換上睡衣後，反而想去散步、訪友的。同樣的道理，衣冠楚楚時，也絕對不會想去清洗廁所。所以說「形」會影響「心」是千真萬確的。

釋迦牟尼佛曾對弟子敘述：

「這裡有骯髒的布，染布工將其浸泡在染缸中，想將它染成藍色、紫色、紅色、黃色，結果變成怎麼樣？這塊布一定無法染成漂亮的顏色。為什麼？因為那塊布不清潔……。相反地，這裡有一塊清潔的布，染布工想將它染成藍色、紫色……，結果呢？這塊布被染得很艷麗，為什麼？因為這塊布是清潔的。相同地，假設你等心靈清淨，必能期待善結果。」

釋迦尊者明白指出，人心之善惡，對當事人行為結果影響至鉅。因此，希望各位朋友不論何時、不論何處均保持清淨之心。

我們常因別人沒看見，就做出不知恥的事，這種行為會在不知不覺中習慣成自然，總有為人識破的時候，到時想辯解也太遲了。

閻羅王不僅在死後裁判，還會觀察人生存時的行動，下最適當的果報。

31. 無知的可怕

我們都曾因為自己的無知，在不知不覺中傷害自己、困擾他人。有時雖然乍看之下沒什麼，但實際受害甚大，無法彌補。

最近在學校教室內學生私語及霸凌事件成為大問題，但有些學生不在乎影響到教師及其他學生，仍若無其事地交談，當被指正時，他們還以怪異的表情表示——「不知道為什麼被指責」。

在女受刑人當中有「世上比我可惡的人很多，卻偏偏抓我」這種不知反省的人。同樣地，因交通事件入獄者當中，也有人不滿地指出：「綠燈後我才發動車子，是那小孩闖紅燈，我才會撞死他。雖然因『不注意前方過失』被判有罪來服刑，我始終認為自己遵守規定，違反規定的是死亡的小孩，為什麼自己有罪。」

這種人是不了解自己做了什麼事，他們只想到自己，而不知道自己造成對方多大的困擾與痛苦，這種人毫無犯罪、羞恥意識。

像這樣，我們往往在不知不覺中犯錯，但只要自己不受害，就好像什麼事情都沒有，等火燒眉毛了，才會注意到自己無知的可怕，但卻太遲了，因為這往往都是後悔之後的事。

古典《論語》中有這麼一句話：「知之為知之，不知為不知，是知也。」另外，美國女性作家凱薩琳•巴頓也如此敘述：

「不知自己做了什麼，不自覺無知者為愚者，斥之。不知自己做了什麼，但自覺無知者為誠實者，教之。知道自己做了什麼，卻不自覺知之者為眠者，醒之。知道自己做了些什麼，而且自覺自己之知者為賢者，從之。」

我們是不是常常對不知道的事也佯裝知道，而實際上因無知而使周圍事情受阻也不在乎？真是可怕呀！這種不注意與無關心的人何其多。

「欲窮千里目，更上一層樓。」這是唐朝詩人王之渙的「登黃鶴樓」詩中的一句。王之渙，并州人（山西省），是有名的邊塞詩人。這句話的意思是，要看清千里外的景物，必須再登高一層樓。意味不要甘願的站在現在這一點上，必須再提高自己。

登高，能看得更廣闊些，例如：與水準高的人喝茶聊天，會感覺自己彷彿也高級了；與無知識的凡夫俗子一同喝茶聊天，會覺得自己與他們無二樣。這也是日本寂數奇的茶道。

日本茶祖——千利休、村田珠光也相同。他們經常與當時赫赫有名的禪僧一同品茗聊天，這些偉大的禪僧會以完全不同的層次言日常之事，自己也能進入他們的世界中，因此茶道由此而發達。人要一級一級的往上爬，自己的人格、見識才會廣大，人也才會有進步。

與自己相同水準的人談話，永遠不會提升自己的水準。與水準低於自己的人交往，只好使自己的水準愈來愈低。

見識廣闊的人的悟，與水準低的人的悟，雖然同為悟，但是按照悟的人的資材，悟本身即會改變。因此，每個人都應為提升自己而努力。

每天都是新的挑戰，因為你所要戰勝的不僅是遭逢的人事，最要緊的是如何戰勝自己，使自己時時處在進步之中。

32. 直心是淨土

《淨名經》說：「直心是道場，直心是淨土。」

一天當中，若能經常保持心情愉快，那麼臉上的表情也必然顯得動人可親。這並不是說一個人的眼、耳、鼻、口長得姣好迷人；而是指他善用自己的容貌，使別人感受到他愉快的心情。

通常我們認為自己是靠自己的力量存活於這世上，自己賺錢買自己想要的東西，自己做自己想做的事。但這是在身體健康狀態之下，凡事可以隨心所欲，不必麻煩別人。假使自己生病了、年老了，沒辦法自己照顧自己的時候，問題就來了。

生於宇宙自然中，成為社會成員的我們，如果將宇宙自然或社會比喻成人的身體，則我們不就是生存其中的癌細胞嗎？寄生於大自然這個身體中，任其繁殖，直至毀滅，癌細胞就在身體毀滅時跟著滅亡。因此，為了讓癌細胞繼續生存下去，至少程度不能讓身體滅亡，這樣才能寄生於體內。

我們正如這個癌細胞，一日不得身體恩惠，就一日無法生存，每一個人的生存，都必須消耗宇宙自然及社會的能源。然而，有人超量攝取能源使自己肥大，如此一來宇宙自然及社會將會因私利私慾而破滅。我們生存在這裡，就必須有寄生於此的自覺，自我節制只取自己所需，長懷感謝之心。

「自己的身體是自己的物品，所以愛怎麼對待就怎麼對待。」健康時出此狂言，不善待自己的身體，等事後身體變調了，被病痛襲擊了，才懇求醫生「為我醫好」。即使知道以後會「後悔」，仍然不在乎地暴飲暴食者何其多啊！

的確，身體是自己的，但仔細想想看，你不是自己生於這個世界上，只要你活著一天，就享受到周圍眾人的照顧及自然恩惠，甚至當你死亡後，這個身體也必須由其他人為你處理。不論對於整個宇宙而言，我們的存在有多麼微小，但從過去至現在，均受到無數人的照顧與自然的恩惠，如果沒有這些恩惠存在，你一天都活不下去，根本不可能有現在的你。

每個人均由父母所生，即使現在父母不存在了亦然，而父母又各有其父母。

如此往前推算十代，就有一千零二十四位祖先，二十代就有一百零四萬八千五百七十六位祖先，四十代前就有一兆九百九十五億一千一百六十二萬七千七百七十六位祖先，這些人當中只要缺少一人，就沒有今日的我存在。

另外，人均由父母所生，並非性行為後百分之百可以受孕，一個精子與卵子結合，宿於母體內，平安無事地生產機率為百萬分之一以下。

渡過重重難關後降生於世上，並且在這個世界上成長至今日，難道這個生命不偉大嗎？怎麼可以不保重自己呢？

現在的自己是集過去無數祖先，與周圍人及自己協力創造而成，今後不但要繼續集過去大成愛護自己的身體，更要盡自己所能培育下一代。

當然，有人生後病弱、短命，有人終生單身，有人罹患不孕症……，但即使自己的生命無法延續後代，也應該讓自己的精神對他人做最大的貢獻。從這方面思考，我須向自己的生命致謝，並且活用、重視生命。

猶太女性思想家西莫奴•貝尤曾說：「我內心有必須交給人們的重要東西，如果不交出來，我死也不瞑目。」你我內心有這種東西嗎？

只有把握今天，才是人生的絕對真理。

33. 那箇是不精底

「那箇」是哪一個的意思。「精底」是好東西。這句話的大意是：哪一個不是好東西？一切都是好東西。

亦即是：在何處有迷惑的眾生？人，本來都是佛。

這句話出於《六祖壇經》。

六祖慧能年輕時，有一天在路上閒逛，看見有一人走進肉鋪裏，並對老闆說要買最好的肉，但是，肉店老闆卻答：「在我的店裏，每一個都是上等肉。」（那箇是不精底）。

年輕的慧能聽了老闆的這番話後，突然省悟了。

這句話是表示任何東西都是佛的世界。

從悟達的境界來看，松風、河水潺流聲或山容等，都是佛的聲音、佛的形狀。

當我們搭乘火車時，行李架上有物品掉落，正好打中自己的頭部，一看原來是自己的行李，則即使感覺痛，也不會太在乎。但假設打在自己頭部的是別人的行李，其重量感必定加倍，如果行李所有人不向自己道歉，便耿耿於懷。像這樣，自己之物與他人之物等重，為什麼感受的重量卻不同呢？

人一般均有以自己為中心的思考傾向，凡事最重視自己，他人的東西被偷不算什麼，自己的東西被偷就不得了，這也許是一種業障。

人際關係有點複雜，即使在合理的世界裡，人的感情也不是簡單就能分割的。一句話、一個動作都能形成不同的感受，例如「這個你拿去」、「這是送給你的」這兩句話，雖然均是給對方物品，但接受者的感受卻有雲泥之別。

同樣一句話，冠上「請」、「對不起」、「謝謝」之後，對方聽起來就舒服多了。因此，不論你心理如何感謝對方，如果沒有在言語表現上讓對方感受到你的真誠謝意，則一切謝意皆枉然。

每個人都有自尊心，自尊心不容易被傷害。因此，一旦你麻煩對方之後，一定要盡早言謝；困擾對方，一定要立刻道歉，這是一種互相尊重的心。如果不能體會這種心情，則對方為你所做的一切，你都視為理所當然，不認為該表達什麼謝意，這就是不知恥的人，一定會被周圍人唾棄。

所謂「恥」，就是「羞恥」，通常是自己做某事，害怕被他人發現，極力隱藏的心態。但最近人們卻不再在乎做這些事是不是被他人發現，這種人可稱為是非不清的非人類。當然，禮儀表現方式依時代、地域而有不同，但做壞事的羞恥心人皆有之，不知羞恥者，人人敬而遠之，注定一生孤寂。

接受幫助不言謝、困擾他人不道歉的人，是不知恥的人，這種人沒有尊嚴、沒有人格，自己都不尊重自己了，別人如何尊重你？

如果你想生活得幸福快樂，首先應該讓在你四周的人感到愉快喜悅；當對方感受到你的熱誠關懷時，一定會加倍地回報你。所以你應該盡量地喜愛更多的人，讓更多的人感受到你的關懷，那麼，你所得到的回報必能使你的生活幸福而快樂。

當一個人發覺被很多人喜愛時，一定能生活得快樂幸福。但是，想要被很多人喜愛，首先就先得喜愛許多人。希望各位從現在起，嘗試去關懷身邊的每一個人，讓他們愉快高興，那麼，自己的生活就自然而然會變得更加幸福快樂了。

禪語說：「利己，利人，才能修得無上真禪。」

34. 觀看光明面

有些人因生病而陷於不幸，有些人卻因病而得福。有的人因被革職而整日愁眉不展，有的人卻因被革職而獲得另一份更好的工作。有的家庭因為一場大火而支離破碎，有的家庭卻因此而團結奮鬥，獲得更大的成就。

所以，不論發生任何事故，都要相信：「在這次事故之後，一切都將好轉。因為在神所創造的世界裏，絕對不會發生壞事。眼前所見的不幸，只是暫時的幻象，只要自己心志堅定，一切都會好轉的。」

如此運用「言語的力量」，一再告訴自己，建立自己的信心，是非常重要的。

在面對一個問題時，當事者的心境好壞往往能決定將來的幸或不幸。人的一生會不斷地遭遇各種問題，如果在面對問題時，使自己的心境轉向好的一面，最後必能獲得幸福。

建議各位運用「言語的力量」。例如當你身處困境時，你不妨告訴自己：眼前的不幸只是順境來臨前的短暫過渡。在這個神所創造的世界裏，絕不可能永遠存在著不幸。如此運用言語的力量，讓自己相信它並遵從它。

不知從什麼時候開始，大人們習慣在公眾面前藏起悲傷，忘記大聲叫喊、哭泣。的確，我們在公眾面前赤裸裸地表現自己的感情之前，「羞恥」、「懦弱」之心擋在前面，抵抗自己表現本心。

人當然應該在悲傷時表達出自己的情感。現代人在親人亡故時，連悲嘆的機會都沒有，一切均交由葬儀社全程安排，生存者就像無事般地繼續回到原來的忙碌生活，付出的只是大筆金錢而已。

法國畫家夏卡爾曾明確指出，「沒有像今日這樣，感動卻不敢率直流淚的時代」。對於進入文明化的現代人而言，時間、金錢擺在自己本心之前，空洞的本心被豪華的形式填滿，形成葬儀業如此興盛。

不知功利主義是否已使眼淚乾枯了。

悼忌最愛的死者，表現惜別之情的方法、手段依地域及風俗習慣而千差萬別，但悲傷的時候哭泣，是人類與生俱來的基本心情，現代人將這種感情壓抑、否定是一項大錯誤。

既然生而為人，就擁有興奮、悲傷觸動心弦時流淚的權利。不知是淚腺枯竭還是退化了，現代人即使在感激的場合也表情冷淡。

《維摩詰經》說：「爾時彼諸菩薩，聞說是法，皆大歡喜，信受奉行。」互勉奉行「法喜」，大家將心比心，利人利己。

美國著名的光明思想家葛蘭•克拉克教授便說：

「人類智慧竭盡之時，便是邁向神的第一步！」

又說：「壞消息就是好消息！」

修養之家生活守則第五條便說：

「經常觀看人、事、物的光明面，而不要看黑暗面。」

第七條是：

「確信人生就是神生，最後必向勝利邁進。」

讓我們彼此勉勵，堅信自己不只是過「人」的一生，而且是過「神」的一生，最後必會向勝利與美善邁進，靠自己的雙手掌握幸福的人生。

35. 莫妄想

大達國師的汾州無業禪師，是中國唐代馬祖道一禪師的門下，在他一生中曾有多人向他提出問題，而他總是答：「莫妄想」一句話而已。

「莫」與勿同義，表示禁止、命令之意。所以「莫妄想」是表示不要妄想、不要起邪念。

因為妄想，所以使本來純真清淨的本心、本性，被污染、變模糊不清。在禪中想佛、真理、省悟等也是妄想罷了，所以，這就是無業禪師一生都以「莫妄想」為答的理由。

人類的煩惱、妄想會遮掩住佛性的光芒。所謂的煩惱與妄想，都是包含著所擁有的理性、感情與意志。

慧能禪師曾說過：「不要想善，也不要想惡。」人必須將所想的事情，不論善或惡都要全部斷決，才會出現根源一心的自覺。

當迷惑出現時，也應要斷決「該怎麼辦」的想法，並且徹底化，其具體的表現即是「莫妄想」這句話。

有人曾問盲聾教育家海倫凱勒說：「人生最大的快樂是甚麼？」她毫不猶豫地回答：「忘我！」

人之所以常常憂煩攻心，就是把「我」看得太重。

「禪有價值，所以有人參禪；人有價值，所以有人欣賞。」

我們有時不正因為內心的慾望與執著而使自己一直受縛嗎？

樂觀的人，遇事總習慣於往好處想，永遠給自己希望；悲觀的人他似乎永遠給自己設限，看不到什麼希望。不過，一般人的心理，總是當你盡可能往好處想時，心裡仍然對更壞的可能放心不下。

這時候，你不妨將更壞的可能想到極致。你會發現，最壞的可能也不是那麼令人恐懼，況且你永遠都有好的機會。這時候，相信你的內心一定會充滿陽光，人也會樂觀起來。

隨著平均壽命的延長，以及出生率低下，現代社會逐漸邁向老人國。

法國曾經是洋溢青春氣息的國家，進入本世紀後，由於出生率銳減，如今社會則呈斜陽化。即使老年人增加，只要這些人依然活動力旺盛，則並無負面作用，最可怕的是老人痴呆症增加，這不僅造成金錢負擔，也造成人員負擔。這不是他人的事，而是很可能發生在你我周圍的迫切問題。

那麼，該如何避免呢？這並非一朝一夕能夠解決的問題，但至少可以儘量防範。每個人都應該重視自己的生命，年老之後也應注意保健，避免給他人帶來麻煩，渡過充實無悔的一生。

因此，平日就必須注意周圍環境，維持良好人際關係，擁有屬於自己的工作及興趣，這樣日子才能過得有意義。

以下列舉長生十信條。

一、不焦慮、不沮喪、不生氣、不緊張。

二、多攝取健康食品，少吃營養高的酸性食品。

三、不吃極熱、極冷食品。維持八分飽。

四、不吃零食與宵夜，飲食正常。

五、上了年紀後仍自己照顧自己，不麻煩他人。
六、細、長、深呼吸。
七、不讓人討厭。不困擾他人。不無理取鬧。
八、多看報、多讀書。少看電視。
九、多做頭腦運動，如下棋。
十、找到屬於自己的終身事業。
這種長壽秘訣並非一夜即可練成，必須從年輕人日常生活中做起。

第二章　正命的人生

「正命」，八正道之一。指清淨身、口、意三業，順於正法的生活方式。

36. 良藥苦口

在禪語錄《碧巖錄》有「啐啄同時」的說法。也就是說，小鳥誕生的同時，小鳥會用鳥嘴啄蛋殼的內側，聽到聲音的母鳥，則會從外側幫忙啄被蛋殼，蛋殼破裂，小鳥就可以探頭出來了。

禪的領悟就是弟子為了脫離煩惱，而持續的詢問問題，在一蹴可幾的時候，由師父給予啟示而達到領悟。

老師和學生的關係也是如此，即使老師不斷努力的教誨，而學生充耳不聞的，對於老師說的話，好像馬耳東風般，就會產生拒絕反應。

不只是學生，一般人也是如此，對於娛樂或賺錢的話題，都較樂於聽聞，若對於信仰或學問的話題，也就興趣缺缺。

耶穌基督曾說：「我為你們吹笛子，你們卻不跳舞。」（馬太福音十一・十七）這種情形現在也沒有改變。

西藏的喇嘛教也說：「弟子準備好時，師父就出現了。」所以我們還是要有聽人說話的耳朵以及老師。

所謂「良藥苦口」，所以聽到的也許並不是自己想聽的。

現代一切的構造都過於複雜化，光是靠教師或者是主管一人，無法顧及到所有學生或從業員。權限大幅落在各個委員身上，個人的責任相對增大而且擴散化，變得含混不清。上課和工作也變得普遍化、單純化，可是卻容易因一點小錯，造成大混亂、大事故。

諾貝爾得獎人，南加州大學的普林格博士曾說：

「也許載著核子武器的飛機中的飛行員，途中想要喝可口可樂，結果不小心按下了核子武器的按鈕，核子武器掉在東西德交界的線上，因此而引發了第三次世界大戰。所以，沒有比現在更強烈要求理性和確證的時代了。」

有句話說：「問是一時之恥，不問是一生之恥。」所以對於不知道的事情，向他人請教，絕對不是可恥的事情。

不要求事事完美，不要求他人完美，不要求自己完美，則人生接近完美。

37. 不必在意

《碧巖錄・五》說：「百花春至為誰開。」是表示，所謂自然的行為是完全忽視了人的心，人的企圖會自然的盛開、自然的凋謝。所以人要放棄小的企圖心，要按照自然的大道生活，如此，即會出現無心的世界。

人類會在自己的心中帶著各種企圖心，這種企圖如果順利達成的話就會快樂，反之，即會生氣或悲嘆。不過，人也有能力放棄這種企圖心，生活在無心的世界中，過著非常清爽的人生。

就好像「百花春至為誰開」所表示的，花無心的盛開，人若也能無心的生活，即能讓人的心安心了。

有些人過於保護孩子，即使已成年，仍把他當個孩子對待。而對子女或學生等與自己有關之人一一加以評論，在舉手投足間，不處處照護著就不能感到安心。如果這種強烈責任感和呵護備至的照顧不能適可而止，那麼他將永遠無法成長。

師父或上司對弟子或屬下所做的事要有信心，要放手讓他們去做，對於培養責任感和自主性而言，非常的重要。如果從頭至尾都必須要聽從指示而行動，那是無法完成重責大任的。

一些有潔癖或獨裁的上司，只要屬下做得不合他的意，即會不高興的加以干涉。其弟子或屬下為了避免他的不高興，就會戰戰兢兢的做事。如此永遠也無法成為真正成熟的大人。但也不是不給任何指示，放任不管，而是隨時注意弟子們的情形，在重點處給與適當的指示，引發弟子或屬下的「幹勁」，這才是最重要的。

當然，不成熟的人所做的事經常都是失敗的，而看的人也會為他擔心。但回想一下自己也曾是這樣走過來的，所以即使對方再不成熟，也要以溫暖的心耐心的守候，絕對不要焦躁的責備他。否則他將更是手忙腳亂的，一事無成。

個人的才能和力量各有不同，法國思想家盧梭就曾說：「人不是沒有才能或力量，只是顯現才能的時段較早或較晚而已。」這點一定要牢記在心。

被世人所遺棄，生活悲苦的人當中，也可能孕育出優秀的人物來。耐心的助他發展出人類成長的可能性，只要親切的在旁守候，這才是真正的教育。

38. 本來面目

《景德傳燈錄・十六》：有人問：「如何得見本來面目？」

月輪禪師曰：「不勞懸石鏡，天曉自雞鳴。」

「見本來面目」，喻指識心見性；「懸石鏡」，喻指求佛的虛妄，徒勞行為；「天曉自雞鳴」，喻指一旦曉悟，自能見心成佛。

有些人在遇到不順心事時，或他人不照自己的想法去做時，就會感到焦躁，甚至原因歸咎於他人或環境。如此不僅是他本人，也弄得周圍的人跟著不愉快。像這些人不會檢討自己的過錯，反而不斷的彈劾他人，最後落到不可收拾的地步。

有的人天生性格就屬任性焦躁，一切順心則已，稍不如意就生氣、責備他人，將怨氣發洩在他人身上。

這種感情起伏激烈的任性者，是無法了解也無法同情他人的人。

生活中難免遇上這樣的人，有些人會儘量討他歡心，有些人則抱著敬而遠之的態度。所以倘若自己是個任性之人，那將會使周圍的人因討厭而遠離自己；在你未發現自己的過錯之前，也難有人願理睬你。

雖然知道自己有這些缺點，但有的人會說：「我雖然知道，可是沒有辦法，我改不掉。」這也是一種人性的表現。

一個認真的人會自我反省，了解自己的過錯，不會任意責怪他人。一個不責怪他人就無法平衡自己的人，只能算是一個不了解自己為何物的可憐蟲。

我們總希望知道身邊的人，或妻子或丈夫，或上司或同事的心理真正的想法，但實際上，不知道可能比知道好的情形很多。

當有人說「我好喜歡你」的時候，不要疑心「他是不是對我有企圖」，敞開心胸去接受，因為「大概是我很有魅力，所以他喜歡我」，這樣想的人是最幸福的。

事實上，許多人容易被甜言蜜語所欺騙，因而悔不當初，因此，我們要特別留意身邊的甜言蜜語。

「以愛為出發點，去欣賞他人的優點。」雖然明知對方的真意，但不說出口，只是很溫柔地對待他，是關懷他人的好方法。

39. 節制自己

禪的世界裏，有「善惡都莫思量」這句話，不想任何的善與惡，行善或做惡的心，其實都是自心出來的。

心的根源不是善，也不是惡。從根本心的立場來看，善與惡都是一體。把善惡一體用「千江同一月萬戶盡逢春」這句話來表現。

道德，是按照歷史的每一個時代、空間性的地域而有所不同，不可能有絕對的善與絕對的惡。

然而，宗教是能擁有絕對性，因為宗教是研究萬物的根源。

不論在道德上，是屬於善事或惡行，善人或惡人，認為一切都有佛性，是佛教的立場。那麼，為什麼說善惡是一體呢？因為行善、行惡都是由人心所驅使的，心都是一樣的。

最近電話非常的普及，不僅各家各戶都有家用電話，街頭的公用電話，甚或大哥大隨處可見，非常的方便。緊急時只要一通電話，即可打到全國各地，甚至可立刻和外國的親友連絡，在生活上，的確是非常的方便。

但是這麼便利的電話，在使用到最大的限度時有時會妨礙到他人。

例如，推銷的電話或接受詢問的電話，甚至在半夜都要受到無聊的電話所干擾。有時花了很多時間接聽電話，不但耽擱了手邊重要的工作，甚至到最後都還搞不清楚對方打電話來的目的與內容為何。

現在是對話時代，如果你使用的是個人電話，愛聊多久都沒關係。但若是公用電話，請小心不要妨礙他人，也不可展露若無其事的態度。

根據電信局表示，有些女孩在電話中一聊就是二個鐘頭。如果使用的是公用電話，不知她會做何感想。

某位心理學家認為，讓他人等待的時間限度，若在公用電話方面，最多十分鐘，超過十分鐘，既會令人感到焦躁，較沒耐心的人就會發生爭吵。

所以，任人等待而與他人閒聊的人要小心了。若想與人在電話中談較長的時間時，就要先確認一下，是否有人正在等待，以免妨礙他人。

40. 設身處地

想讓對方討厭、憎恨自己，最簡單的方法就是專挑對方不喜歡的話說。窮追猛打，對方當然會逃之夭夭，也許他會為了自衛而反抗，也會反擊於你。因此，在不知不覺當中，你就會將自己的缺點暴露出來，而使別人對你敬而遠之，最後自己就被孤立了。

有時我們明知忠言逆耳，但是為了對方好，仍不惜冒著遭對方反感之險，提出些中肯的批評和意見。你希望對方會接納你的主張，但對方若不願意，可能弄巧成拙，造成火上加油的反感而形成反效果。

在世上有很多人任性的想將自己的主張灌輸給他人，對方若能接受當然高興，反之則暴跳如雷，甚至痛毆對方一頓，這種自私自利者到處可見。不知這些人有沒有想過，如果對方也回打一拳，又該如何是好？

希望他人接納自己的主張，但是對方有分辨能力，可以選擇接受或是不接受，倘若對方不接受，又何必憤慨或生氣呢？

十年風水輪流轉，有時難免不順意，這時就應該好好和對方溝通，也許人生就是一連串的妥協吧！當然不是說一開始就得和對方妥協，不斷的退讓，討好對方。但是也不必讓對方討厭。

如果只是固執自己的主張，勉強他人接受，那會惹人厭，或是傷了對方，使人難過，而自己又若無其事似的。像這種利己主義者，最終還是會自取滅亡。

《莊子》說：「君子之交淡如水。」

你若太深入對方的隱私，太執著於對方的私事，反而會破壞彼此間的情誼。淡泊如水的交際，不會失去朋友間的信義，不論發生任何狀況，都能互相信任，這才是真正的君子之交。

表面對你笑容滿面，暗地裏卻與他人批評你的不是，這種違背信義的人是不值得深交。

君子之交，就是要徹底的相信對方，並以這種相互信任的心繼續往來，如此才是淡若水的友情。

41. 盤山精肉

這是發生在古代中國的事。

一位名叫盤山的和尚，來到城鎮的市場裡。在肉攤前，看到店家正和客人熱烈地交談著。

客人說：「老闆，你賣的肉真好吃啊！」

這時攤主說道：「我賣的全是好肉。再說，我怎麼可能賣不好的肉呢？」

盤山聽到這番話後，立刻領悟到所謂的「好」與「不好」，全是由人心製造出來的。

幼稚園老師帶著學生走到公園裡玩，看到黏在蜘蛛網上的蝴蝶，於是說到：「哎呀！這隻蝴蝶真可憐！」然後一把扯斷蜘蛛絲，讓蝴蝶飛走。

所有的孩子全都看著老師拍手叫好，只有一個孩子認為蜘蛛真可憐。對老師來說，這個孩子實在太不可愛了。

一般人都有個根深蒂固的觀念，總認為蝴蝶是益蟲、蜘蛛是害蟲。事實上，「好、壞」這種觀念是人類自己創造出來的。被視為害蟲的蜘蛛，也會拼命地生存著。況且，蜘蛛也會將其它害蟲黏在蜘蛛網上，對人類不也有所幫助嗎？所以，一看到蜘蛛就為牠貼上「害蟲」的標籤。實在是非常無聊的做法。

而主張「蜘蛛真可憐」的孩子，則因此被老師貼上「愛找麻煩」的標籤。

我們經常會有強迫推銷自己的價值觀的傾向。其實，每個人都不應執著於某種固定觀念，而應該抱持多元的想法。人生問題的正確答案，應該是無數的。此外，還必須考慮各人的生活方式。

《安徒生童話》故事中有一個『醜小鴨』的故事，內容如下：

鴨媽媽在孵蛋之時，發現一個比普通的蛋更大的蛋，其它的蛋都破了，只有這個沒破，母親忍耐著繼續孵蛋。終於殼破了。但破殼而出的卻是一隻腳短，肚子膨脹，很難看的醜鴨子。其它的小鴨和母親都很不高興，不願理睬牠，有時甚至會欺負牠，無法忍受的醜小鴨決心離家出走。

牠來到了一個住著貓和雞的地方，當醜小鴨走進去時，雞問牠：「你會生蛋嗎？」小鴨回答道：「不會。」接著貓又問牠：「你會磨爪子嗎？」醜小鴨很悲傷的說：「不會。」這時貓和雞都嘲笑醜小鴨。

牠又來到了小屋附近的湖邊，想要游泳，看到碧綠的湖上有幾隻美麗的白鳥，快樂的在水中游著。醜小鴨戰戰兢兢的把腳伸入湖中，動一動，這不是能夠游泳了嗎！醜小鴨很高興的看著水中，發現自己已成為一隻白色的天鵝。

傳說這個故事是出生於鄉下窮鞋匠的孩子安徒生自己的故事，描述自己從懷才不遇、孤立無援的環境中，努力出頭的一生。

我們一生當中都不只一次會自問：「為什麼我要活在這世上。」尤其是在生活、工作或學業上遭受挫折，又無力解決時，會感到絕望。

如果不曾有這種經驗的人，實在是可喜可賀的幸運者。但是，在平常是無法發揮個人真正的價值的，只有在挫折中方能展現個人的見識和實力。

被供奉在寺廟中的佛，無時無刻，不眠不休的在我們的體內發揮作用，使我們得以生存。不能察覺到這一點，為一點小事就對這個世界感覺絕望，那就是忽略自己體內的佛，不相信自己體內的佛。

42. 見緣起者

《六祖壇經》說：「佛法在世間，不離世間覺，離世覓菩提，猶如求兔角。」

我們每天都會遇到很多人，也會和很多人分開，分開後可能再相遇。經常見面的同一人，我們會忘記與對方相遇的重要性，甚至有時會想早早離開，尤其是自己不喜歡的人，不要說是說話，就連眼光都要刻意避開，做出忽略對方的態度。

這雖是家常便飯，但是令人懷疑，難道在《法華經》中登場的常不輕菩薩，這種對任何人都會虛心並誠意對待的人，真的都不存在了嗎？即使真的是我們喜歡、重視的人，我們就真能夠與對方心靈交流嗎？

佛教就曾說：「即使擦肩而過，也是幾世修來的緣。」非常重視相遇。因為一點小小的緣分，可能開始交往，甚至結婚，或是成為朋友，得到對方許多的幫助和照顧。在世間藉著很多的因緣、奇緣而展開各種不同的戲劇。如果沒有相遇的話，也許各自擁有不同的一生。但是因為兩人相遇，可能就會綻放命運的花朵。當然緣並非全都是善緣，與某些人的相遇，可能給自己帶來惡運，一生受到傷害。

由此可知，緣究竟是會為我們帶來幸或不幸，到底朝著哪個方向走，當然與我們本身的心態有密切的關係。而有時我們遇到的不只是人，也可能是事物。

例如，看到書上所寫的一段文章，也許就能改變自己的看法或人生。像《幸福的詩集》中就曾歌詠著：「雖然想死，但是活著真好，在此遇到許多不可思議的事情，不放棄真好。」

這番話也可換成佛教的教義「見緣起者見法」，指出我們全都是藉著緣而生的事實。如此一來，我們就會重視多活一天，重視多和一些新的人、事、物相遇，把他當成緣，藉此分辨自己真正的人生，以及世間的真實姿態。

一般而言，人都會對與自己有共通點的人有好感（類似性要因）。果然是「物以類聚」。

「好巧，你和我同一條路回家。」「我們是同鄉。」「想不到咱們是校友。」常會聽到如此類似強調彼此共同性的話。

「一起去喝杯茶吧！」找出和他（她）約會的機會。

我們每天會遇到各種人物和知識，但是真正認真面對，從中得到好處的人並不多。但若是忽略相遇，即使是有許多好的機緣，也只是從眼前流過而已，無法成為自己心靈的糧食。

不論是打棒球，或者跆拳，面對敵人時掉以輕心，一定會失敗。不論是聽老師上課，透過書本及其它媒體也好，所得到的知識如果只是隨便看看、隨便聽聽，是無法成為自己真正的知識的。任何偉大的人物或知識在自己的眼前，如果不能夠認真的接受，那也只是擦身而過而已。

在人口過剩、資訊暴發的社會中，要發現好的人物和知識是很困難的，但是不可因此而放棄。

像鑽石等寶石，也許你只要花錢就可以買得到，但難能可貴的精神寶物，就必須靠自己的努力才能夠找出來。若能認真的應付眼前的對手，相信一定有所得。

佛家常勸世人要「活在當下」，到底什麼是「當下」呢？「當下」指的是你現在就在做的事，以及周圍一起工作和生活的人。就是要我們把關注的焦點集中，全心全意去品嘗、接納、投入和體驗一切。

43. 心靈之美

「山家富貴銀千樹，漁夫風流玉一蓑。」

這句話出現於白隱的《槐安國語》之外，還出現在日本黃檗宗祖・隱元禪師的《三籟集》之中。

山水樹木皆被皚皚白雪覆蓋的銀色世界，對生活在山中之人而言，是具有無上的價值；所謂漁夫的風流是，頭戴蓑笠渡船的情形，這種情形勝過珠玉般的風雅。生活在山中的人或漁夫等，生活雖然貧窮、樸素，但是，在這種生活中富有難得的心靈安靜與純潔。

在日常生活中，過著凡事謹慎的生活，絕不因自己或自己所用的東西而感到驕傲。對於那些沒有好東西可用的人，會產生一種體貼之心。即使擁有值得驕傲的東西，也不會讓別人知道，自己偷偷的享受。

這就是一種惻隱之情，也是國人的特質吧！

這種特質在貧窮生活當中，在必須互助合作才能生存的時代中，長時間持續著。

最近貧富的差距縮小了，看不到很窮的人，一般大眾幾乎都是中產階級，藉著高度經濟成長之賜，不需依賴任何人，只要有錢就可以做想做的事，獨立生活。結果互助合作、體貼他人之心就淡薄了。

也有些人即使再有錢，也不會在他人面前任意揮霍，或是為自己添個豪門巨宅、高貴的家俱，過著奢侈的生活。

從前大家都認為為了子孫著想，必須要過著節儉的生活，留下財產和良田，這才是父母的美德。但在有財產稅和遺產稅煩惱的現在，這種想法已逐漸褪色了。但好不容易儲蓄的錢，若放肆揮霍，老年的生活恐無所依，因此，還是有人努力的儲蓄。

今後迎向社會福利制度，當然能消除這種不安的煩惱，所以自己拼命努力，是為了自己和社會能有效的使用力量。只要不是從他人處所得到的東西，或是不勞而獲的東西，即可毫無顧忌的安心使用。

在今後的國際社會當中，為了生存不能夠考慮太多，拼命的節儉，該用的就當用，即使是有些奢侈也要使用。享受真正的人生，這才是無悔的生活方式。

雖然無端浪費金錢是無益的，但在必要時浪費一下又何妨。

曾經由朋友處聽說：「我工作的比別人辛苦，每次在捐錢時想多捐一點，可是又擔心上司和周圍人的想法，因此，只好捐出和他人同樣的金額。」

在封閉、安定的社會生活中，即使自己內心想做些事情，可是仍必須勉強配合周圍眾人的腳步，否則就會受到惡意中傷，別人會說你「愛現」，所以，只好告訴自己什麼都不做比較好，最後什麼也沒做，消極的過一生。

這種「服從社會」的做法沒什麼不好，但是在這樣的氣氛當中，無法產生幹勁，只能夠與周圍的人保持協調的秩序，度過平安無事的每一天。因此，如果比他人更努力的人，恐怕就會被視為是想要引起軒然大波，攪亂秩序的叛逆者，而會遭到眾人的彈劾。

有些人外表謙虛，處處替人著想，其實內心自私自利，千方百計地想要幹掉對方，好讓自己有出人頭地的一天。

44. 不求回報

《六祖壇經》說：「前念迷即凡夫，後念悟即佛；前念著境即煩惱，後念離境即菩提。」

一般社會的交往就算不談及生意上的交易，事實上也是由金錢、財物或資訊的交流構成的，大都是「收受關係」。給與者和收受者利害價值一致，希望能夠得到些回報。

最可怕的就是很多人假藉「義理之名」，不論你喜不喜歡，都必須要應付社會上的一切，因為我們都怕被社會孤立，無法忍受孤獨。

但是給與金錢財物或勞力的人如果是神佛，談到這些宗教問題的話題就稍微不同了。

有一些信仰深厚的人會捐錢給教會或者是寺廟，認為這麼做才是與神佛或宗教團體交易，期望能夠得到物質或精神上的回報，可是這種信心不是真正的信心。

政治家或企業家並不是基於自己的信仰心，而是為了使自己的選舉或生意有利，假裝信仰深厚似的向神佛祈願，或者是加入宗教團體，其動機是利用宗教的主要目的，因此表現出對宗教有信心的樣子。

一般人會捐獻很多的錢，當然希望得到一些利益。如果靈驗就會向神佛參拜，但效果很少能立刻實現。如果這時你抱怨，對方會說：「你的捐獻和信心不足，所以不能如願。」在受到威脅的情況下，又勉強的掏出錢來捐獻，令人感到煩惱。

通常一開始就期待利益而接近宗教的動機就不純正了，當然想要利用信仰、利用宗教來賺錢的想法也是錯誤的。真正信心深厚的人，神佛絕對不會捨棄你的心意。不管你有沒有求財的心，結果都會賺錢，得到利益。

這種信仰心就和戀愛非常類似。例如你很喜歡一個人，送了很多東西給對方，只要對方很高興的戴在身上，或是對他有幫助時，自己會感到喜悅，產生一種自我滿足感。把自己的身心和金錢財物獻給對方，藉此讓對方感到喜悅，認為這就是自己的喜悅，這就是戀愛的醍醐味。並不是因為贈送對方財物金錢而希望能夠得到對方的回報，可是對方的喜悅，也會成為自己快樂的來源。

戀愛是屬於單行道的，就算被騙也不會有報復的念頭，不求回報的為對方竭盡忠誠，把身心都獻給對方，希望對方能夠幸福，這才是真正的幸福。

最糟糕的是等到戀愛的心情冷卻下來之後，認為自己所付出的金錢財物和心意都是愚蠢的、浪費的，因而感到非常的後悔，甚至會說出：「一切都結束了，以前送你的東西都還給我吧。」要求對方償還，或者向對方報復。這些人打從一開始，就沒有戀愛的資格。

人生會有很多的相遇，可能為了賺錢而與對方交往或者是做生意，因而結交了些朋友或顧客，如果說「金錢散盡就是緣分終了的時刻」，那就表示這些人不能稱之為真正的朋友。

好不容易在人生路上走一遭，就必須實際感受到「能活著真是太好了」。而你的人生必須是讓人覺得「那個人真是個好人」的人生才對。因此不管對方表現出任何的態度，對於值得信賴的對象竭盡忠誠、傾注所有情愛與其交往。

即使對方背叛你，自己當初所表現出的「不求回報」的行為或心態，對自己的人生而言，絕對不會是一種浪費，你覺得如何呢？

45. 切磋琢磨

《論語・里仁篇》：「朝聞道，夕死可也。」即若能在早晨得知修行的道，雖然在黃昏時候死去，也已無憾了。道，意指人道而言。

以禪道世界的眼光來看這句話，所謂「聞道」，是聽省悟之道；「死可也」，表示沒有生死，一旦省悟的話，沒有生的喜悅，也沒有死的恐懼，超越生死的不生不滅的世界了。

不生不滅的世界，是沒有出生、沒有死亡的世界。

儒教與道教存於中國，已數千年，後來佛教自印度傳入中國，與儒教、道教相混合，所以，佛教徒經常使用道教或儒教的用語，使佛教普及化，這種佛教就是禪的佛教。

換言之，即是以道教與儒教為媒體，成立了禪的佛教。

實際上，儒教是一種道德思想，而不是宗教。中國佛教徒巧妙使用了說明道德思想的儒教與說明天道論的道教用語，讓印度的佛教普及。所以，儒教所使用的語句，與佛教的用語雖然相同，但是，其解釋卻不盡相同。

不管是誰都希望自己所做的工作能夠對社會有所貢獻，希望能令眾人高興。但事實上要得到他人的接受，是非常不容易的，也許還會受到不當的評價。這種事情，隨處可見。然而有些人仍然我行我素，這種感覺不斷擴張，待事後發現時，自己就好像赤裸的國王般，得到慘痛的教訓。

為避免這種情形，有良知的人對自己的言行要進行自我反省，如果自覺有錯，要儘早改善。否則就應以毅然決然的態度，貫徹自己的信念，堅持下去。

最近，社會上和學校等的各個機構，認為長久以來一成不變的年資考績或終身雇用的弊端，應該改進。對於個人工作能力及態度表現的檢查評定方面，新增設不少的勤務評定處，這是可喜的現象。

藉此平常愛偷懶，或任性而為的人，由該處的評價，就可了解實況。基於公平競爭原理，會互相切磋琢磨，使得資質和效果面都能夠提升。

現在已經不是能夠悠閒度日的時代了，今後更是自由競爭的局面，景氣不斷的衰退，需要又過多，消費者也會選擇生產者和販賣者。所以，只有能夠努力達到顧客滿足的企業，才能夠生存下來。而顧客由於選擇的幅度增加，如果不具有分辨、選擇的眼光，就不可能擁有好的享受。

在歐美各國設有公平交易委員會制度，如果對於行政或教育機構等公共團體的義務或服務內容感覺疑問時，基於市民或學生們的要求，要進行監督，並要求對方改善。不斷使得供給者和受益者達到密切的交流，在雙方同意的基礎下互相努力。

不接受任何批評，只是以上意下達單方向的命令，強迫屬下遵從的封建時代奴隸般的生活方式。在強制的壓力下，使得大家在工作場所中，甚至家庭裡都無法表達自己的自由意志。於是大家疑心生暗鬼，懷疑對方，無法得到進步和發展。

如遇有不明白或疑問之處，應該要詢問對方，直至明白為止，這才是開明的民主生活方式。

某企業領導人說過：「如果不願在我的面前說，那麼，在背後說我的壞話也無妨，聽到之後，我就會在心中改正。」

由此可知，在通風良好的地方，才能自然聚集很多人才，培養真正的友情。

46. 如實知見

「言」、「語」、「道」都是「語言」，在悟道的境地，所看到的真實世界，是不能以日常一般的語言來形容。不僅如此，所謂語言只是用來形容現實的東西，且再加上人類任意的區別（差別），錯誤所看到的就是物體的本性，因此產生了分別、妄想及迷惑。而真實世界，就是存在於切斷這種語言的地方，也就是用語言也不能說盡的意思。

每天透過文字或語言，進入我們耳朵和眼睛的資訊量非常的大，但對我們而言，那其中真正必要、不可或缺的畢竟有限。因此，對於敘述是否真實，一定要擁有敏銳的洞察力和選擇的眼光。

例如，聽別人說「××人是個可用之人」，當然實際情形可能如此，但有些卻是陷阱。這時就算你受騙而氣得跺腳，或是揍對方也都於事無補。

比起騙人的人來，受騙的自己，更應該受責備。但是你也不能說：「他人所說及所做的一切，都不值得信賴。」總之，自己是否具有從這些資訊中辨認真假的洞察力及選擇的眼光，才是最重要的。

有個笑話，國王的臣子，遇到一位教導長生不老術的仙人。國王很高興的聘請他回宮，並備加禮遇。但在國王尚未學到長生不老術前，仙人就因病而死了，這時國王就對臣下說：「都是你，慢吞吞的，害我沒有學到長生不老術。」當然沒有什麼長生不老術，只是國王相信這種說法而已。

不論是誰，都會用話語來掩飾自己的行為，做出偉大的樣子。但實際上也許不具有工作能力，或者會違反眾人的期待。

一個公司的經營者說：「只是靠著三寸不爛之舌吹噓的人，認為沒有自己，公司就會垮掉者，均是賣弄權力的人，必須要注意。這些人並未曾做過什麼偉大的工作，動不動就想要利用公司或他人，謀求自己的利益。」還說：「真正對公司有用的人，會成為董事長的左右手，努力工作，展現實績。」

所以，我們要看穿這一類的人物，不是光看他的外表、聽他所說的話，而要看實際的行動和成果。

佛教也說「如實知見」，要知道物質的本質，必須排除自己的獨斷和偏見，直接看表現出來的姿態。實際上我們並未採用這樣的看法，而經常是用自己的感情來評價對方。一旦決定以後，想要修定這種觀點，就非常的困難。等到遇到事情時，才發現自己的錯誤。而這個錯誤造成自己實際損害時，就會氣得罵對方。

像經常引起騷動事件的政界、演藝界名人的駭人聽聞事件，就是很好的例子。以往一直得到他人好感及支援的人，可能因為金錢或與異性糾纏的事件，使得大家對他的好感變成嫌惡感。如果對自己沒有造成什麼實際損害時，就會以隔山觀虎鬥的心態，冷眼旁觀一切的發展。如果實際受損害時，就會責難謾罵對方，藉此掃除自己心中的陰霾。

當然，也有相反的情形，沒有任何證據顯示，自己卻認為對方是壞人，事實上是誤解並非真實的。

美好的事物，需要一顆平常心，才能體會出其價值。雖然我們有相信他人，或懷疑他人的自由，但是，一定要排除自己的獨斷和偏見，必須擁有能夠看穿對方真實心態的敏銳洞察力和選擇眼光。

47. 眼高手低

《菩提心論》說：「妄心若起，知而勿隨；妄若息時，心源空寂。」

世上常發生這樣的事情，辛苦努力的進入一流的大學就讀或公司就職，累積了一些經驗之後，認為自己就有了實力和自信，忘記了來自周圍眾人背地裡曾給與的幫忙。認為是靠自己的力量，而得到天下，因此看不起周圍的人，表現出得意洋洋的樣子。

由於價值觀的多樣化，導致對於事物善惡判斷的基準變得曖昧。每個人都希望在社會上能夠功成名就，希望能夠進入高知名度的一流學校或公司就學或就職。為了達到這理想，以素質來表現考試科目，重視成績和偏差值。為了完成這個目的，會一直努力，忽略了社會的常識或人類的禮儀，重視強健的精神。

如果這些人成為精英分子，成為政界、官界、業界的領導者，在社會上佔有一席之地，君臨天下的結果又如何呢？

隨著高度經濟的成長，我國社會各階層表面的表現非常好，但是，背地裡卻有一些精英分子，以醜陋的不正當行為到處橫行。事實上，被大眾傳播媒體或是社會人士彈劾糾舉的只是冰山一角而已。懂得要領的人會昂首闊步，因此，大家認為「老實人會被視為是笨蛋」。在疑心生暗鬼的心態下，整個社會陷入一片不信任的狀態中，大家都會尋求明哲保身之道。

這就是偏重知識的學校教育和家庭教育的缺點。

到目前為止一直沒能找出改正這種缺點的方法，使得優秀分子變得更加的自私自利，甚至捨棄自己的家人和親朋好友。

他們對現在自己能夠活著，並不對於周圍眾人的幫忙抱持感謝的心情，而且表現的非常任性，對於自己不喜歡的就暴跳如雷，不惜向周圍的人報復。

然而對於自己一連串的錯誤言語行為，他並不認為是不對的，除非是受到慘痛的教訓，否則這種旁若無人，桀驁不馴的態度，根本無法改善。

世人的眼光非常的銳利，站在領導立場上想要按照自己的想法進行工作，想要讓他人遵從自己，並不是件容易的事情。要達成事物，必須要正確判斷周圍的狀況，注意到眾人的想法，找出雙方都能同意的調和點，需要這些生活的智慧。如果你是只生存在自己世界中的人，就不必在意周圍眾人的態度和想法了。

某企業家說：「不給與他人不快的感覺，能夠說NO才具有經營者的資格。即使會給與他人不快感，但還有勇氣說NO也不錯。當然說YES是最簡單的。」

由於許多人的幫助，我們才能活在這世上，不論你喜不喜歡，都必須要考慮到人際關係。尤其是站在領導地位上的人，更需要得到他人的信賴與尊敬，所以對部屬和周圍的人擁有溫厚、體貼的心是不可或缺的。

內心沒有分別心，就是真正的修行。

每一個人都應當要有謙虛的心，不要自認知識高，有好的頭銜和地位、權力，就認為自己很偉大。自以為聰明的人，不是真正偉大的人。一定要了解自己智慧的界線，謙虛為懷。

「臨事須替別人想，論人先將自己想。」能夠謙虛並不是鄙視自己或者是讓自己成為笨蛋。可是謙虛也不是要大家捨棄掉自己的人生觀或思想，我們對自己的言語行為要謙虛，同時也必須要擁有自信和驕傲。

48. 精神支柱

「我和他能以心傳心，即使不說出來，他都會了解。」現在我們都以「以心傳心」來表示心電感應，但其實這句話原來是禪宗的用語。

佛教教義的精髓，並非是以口頭或書籍所能確切傳達，而是要以心傳心才能真正傳達佛教教義。

對我們而言，成為我們精神支柱的不是神，不是佛，而是在我們的周圍值得信賴的家人或朋友。其證明就是有很多人告白「困難時求助於神明，會使自己陷入痛苦的深淵中」。與其求助於抽象的神佛，倒不如求助於具體存在於眼前值得依賴的人，才能得到實質的幫助。像瀕臨死亡的重症病人，痛苦中呻吟的話語通常都是叫著最愛的人的名字。

由此即可顯示，國人對於神佛的宗教信仰，只是虛名而已，實際上與家人或朋友的信賴關係，才能夠發揮信仰的作用。

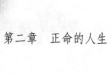

舊約聖經中有一則著名的「羅特之妻」故事。

羅特一家人居住的索德姆城的居民，因為違背神的命令，過著墮落、違反風紀的生活，使得神非常的震怒，下達天誅的命令。當時只有羅特一家人遵從神的指示，過著信仰篤實的生活。神想要救出他們，於是神在放火燒城之前告訴他們說：「不要告訴任何人，不要帶任何東西，只有你們一家人趕快逃到其它城鎮去吧！但在逃出城鎮之前，絕對不能夠回頭看。」

但是，一家人逃到城鎮盡頭時，羅特的妻子因擔心留在城鎮的親戚而向後看，結果變為石柱。這故事據說是因為對於財產的依戀，以及破壞神的指示而受到的責罰。但是對於國人而言，別說是對財產的依戀，如果連對眾人的信賴關係都破壞的話，也算是忠實遵從神的指示嗎？

對時刻面臨死亡恐懼而不安的末期患者說：「你要努力」、「你要加油」。雖然是想鼓勵患者，可是有時卻會讓他們失望。就算本人不對他人說，當然自己還是不斷的在努力著，但是體力和氣力不斷的在衰退，這時縱使他再如何努力，也於事無補。與其如此，倒不如陪在患者身邊，握著他的手，陪他一起流淚。

也許對患者而言，這才是一種建立勇氣的方法。

亦即不要採用前者那種從外側鼓勵患者的「對治」方法，而要與患者一起，或者是代替患者體會痛苦的這種「同治」的治療法。這就是佛教所說的「同事同情」，或者是「代受苦」。

前者是「對治」的治療法，與患者的心情無關，只想要提升他的元氣，根絕疾病的方法。當然，可能因此克服疾病，但是，對於已經喪失氣力的患者而言，未免太過殘酷了。

教育也是同樣的，即使老師或是父母在旁斥責、鼓勵學生或孩子「不要偷懶，要多努力」，但孩子本身的個性或當時的情況，使人無法產生幹勁時，你經常這麼說，也只會招致反感。所以「教育」並不是灌輸本人知識，而是引導出其可能性，加以培養。教導者和受教者之間，如果不能達成心靈的交流，無法展現成果。

也就是說要站在對方的立場，來考慮事物，共同分享喜悅。美國的反精神醫學家大衛雷恩和禪的《碧巖錄》所說的「賓主互換」的想法很重要。光是靠著「強制鍛鍊法」或者是「參與觀察」，是不可能說服對方的。

49. 喜歡對方

突然有一位女性親切的問你：「要喝咖啡嗎？這杯給你。」一聽到自己要喝咖啡，就立刻給你一杯。你不要因此認為「原來我很受歡迎！」

曾有個心理實驗。二人一組，為繪畫作品評分，在中間休息時，其中一人買了二杯可樂，給另外一人一杯，並說「順便買給你的」。表示一個小小的親切。

當評鑑終了時，那表示親切的男子就拜託對方「幫我買會抽中車子的彩券」。其實，那位親切的男性是為了進行實驗而事先串通好了的。

結果，得到可樂的人，比沒有受到特殊待遇的人，多買了二倍的彩券給親切的人。

大部分的人都會認為「對於親切的人，我要加以回報，否則會被認為是不懂知恩回報的人。」因此就會加以報答對方，所以，用彩券來報答可樂。

像這樣進退兩難的情形，不論對象是自己喜歡或討厭的人，都一樣會產生。

《華嚴經》說：「心如工畫師，能畫種種物。」

在人的一生中會遇見很多的人，若非聖人君子，都可能會對某些人有好感，對某些人沒有好感。

我們自己當然也在對方喜歡或不喜歡的範疇中，而得到對方的親近，或是敬而遠之。因為人類是感情的動物，這也是無可厚非之事。雖然道理上知道不能做任性的判斷，但是人卻脫離不了好惡的感情。

因此，佛教在人類都會體會到的「四苦八苦」中，揭示「愛別離苦」（必須和所愛的人分開的痛苦）以及「怨憎會苦」（必須見到憎惡的人的痛苦），這是兩種完全相反的苦。

自己對對方是否會產生好感的簡單識別方法，就是在遇到對方以後，在分手時，你是希望對方多待一下，或是希望對方趕緊離去。如果對方在離去時依依不捨，也表示他對自己有好感。如果是爽快的離去，則表示並非如此。

如果兩人都希望能夠一直相處在一起，表示兩人很合得來，相處得很好。與他人的相遇，就是靠著這種好惡的感情，編織出互相靠近或分開的人生模型，而展開了各種演出。

如果與他人相處，是基於社交性，或是因生意的關係，或者是基於情理，必須與對方交往，則有時會展現出雙方是否具有好感的表情、態度及動作。但是這不是真正的交往，只不過是「金錢的關係一旦結束，緣分也就結束了」。所以隨著時間的消失，一切自然就會消失。

我們的心理，真的非常的複雜、奇怪，對對方會直覺產生好惡感，因此，會有一種揮之不去的先入為主的感情。但是自己所敵視、討厭的人，可能也會敵視、討厭自己。

所以，要知道對方也有自己所不知道的好的一面，以及應該學習的地方，要把他當成反面教師來與他交往。有位評論家曾說：

「所謂敵人，事實上已經成為一種限定。一旦敵人成為一種限定，相反的也限定了自己，必須要避免這種做法。因此，遇到反對者時，首先要注意的是不要把他當反對者。把他當成一種存在，檢討他本身。從論敵開始，我們才能學會更多的事物，等到學會更多的事物時，敵人就被我們消滅了。」

50. 施捨善行

當我們在提供他人金錢或工作時，常會說「拿去吧！」或者是「請用」。這兩句話的態度完全不同。雖然同樣是給與，但對方接受時的感受也全然不同。前者令人聽來有不得不給似的感覺，而後者則是一種發自內心喜悅的施捨。接受者對於前者的話，當然無法產生愉悅的心情；但對於後者，也就能以較欣慰的心情接受下來。所以，因給與方式的不同，感謝的程度也有所不同。

根據研究，認為迎合態度也可以表現在男女關係的女性態度：

例如，一位女性在不願意、又無法拒絕某位男士肌膚之親的要求時，只好說：「我不喜歡，但你如果真的想做，我只好忍耐接受……。」這種態度對男性而言，又有什麼樣的感覺呢？女性也許認為讓對方執意而為，對方應滿懷感謝之意，但事實上男性卻覺得不愉快。

像這種勉強提供金錢或身體給對方，接受者不但不覺感謝，反而會產生種屈辱感。

不論是金錢、物資的援助，或是男女間的肉體關係，給與者、受者，以及被給與的東西三者，都能夠達到喜悅狀態是最好的，這就是佛教所說的「三輪清淨」。給與者（能施）與接受者（所施）和給與的東西（施物），都必須擁有喜悅的喜捨心情，否則這行為就不能稱之為圓滿達成，也不能得到對方的感謝。

《法華經》觀音普門品第二十五：「具一切功德，慈眼視眾生，福聚海無量，是故應頂禮。」

福聚，是一切的善行，善行所得的福利、福德集合之意，且把這種集合用海來比喻，叫做福聚海。福聚海無量，是指福聚海無限無量。

觀音菩薩有一切的功德，並用大慈悲的眼救濟眾生，給眾生的福德也似大海般無限無量，要回復這種情形，則應要頂禮。

這句話是讚美觀世音菩薩的眾生救濟力，是無限無量的。

佛教是佛不動，靜坐在中央，其下有許多專門司掌各種事的菩薩。

諸如：以慈悲為專門的菩薩——觀音佛。以智慧為專門——文殊佛。以勇氣為專門——普賢佛。對需要慈悲的人，即派遣觀音菩薩；對需要智慧的人，則派遣文殊菩薩。

菩薩，雖進入佛的地位，卻不會安坐在這種地位，而是百尺竿頭再進一步，來到這個世界上，有救濟一切萬物的願心。

人，生老病死乃尋常事，因此，這世界是無限的。雖然無限，但仍想救濟這無限的眾生，如此立願的菩薩，即是觀音菩薩。觀音會讓自己的身體做三十三種變化，這種變化體，叫做三十三應身。

並且按照不同的對象，變化身體，說佛之道。

對階級、種類不同的人，按照個別的機根來說法，這叫做應機（根）說法。

因為要對無限的人類說法，所以，觀音的願望之心，比太平洋更浩瀚。把這種浩瀚無涯的大海形容為福聚之海，即福德聚集的幸福海。

在廣大無際的福聚海上，張起慈悲的帆以救濟無限的人類，如此立願的人就是觀音菩薩，確實應要對觀音菩薩做頂禮。

「是以應頂禮」，是用慈悲的立場來表示，對無限挑戰的法華經經文的一句。

51. 柳綠花紅

最近有很多人喜歡標新立異，希望做些顯眼的事情，引起社會的騷動，希望震驚世人。否則擔心自己的存在，會被人遺忘，會被人忽略，而產生一種焦躁感。不為人所知，不為人所認同，自己不斷的努力，不在乎他人想法的人，似乎很少。

此外，可能是因為到底什麼是好事，什麼是壞事的價值基準模糊不清，在這種社會當中生活，即使對周圍人造成困擾，可是自己仍然任性而為，視為理所當然。像這樣的人，我們經常看到。

有機會坐頭班車的時候你就會發現，當車子駛進月台，門打開的那一霎那，大家都努力推開人群往前衝，只為要搶得位子。看到這情景，不禁令人搖頭嘆息。

上了年紀的中年男女，帶著孩子的母親，都是爭相搶座位，這好像地獄餓鬼、畜牲的圖畫一樣。

母親拼命的想為孩子佔一個位子，一看到空的座位，母親就會對孩子說：「你看，這裡空著，不趕快坐，位子會被搶走喔！」然後用力按著孩子坐下來，根本對周圍的人不屑一顧。不要認為這是別人的事情，不要有只要自己好、自己的親朋好友好就夠了的利己想法，這是不對的。

這是個殘酷的競爭社會，大家都很累。可是不能光為自己著想，畢竟累的不只是自己而已。

想到此處，使我想起旅行時遇到的非常親切的人。當我和朋友想一起拍照時，有一位老先生笑著走過來，「我來幫你們照！」此外，在久候巴士不來時，有位老婆婆端茶來，並說「小心感冒哦」，讓我們喝口熱茶。

為什麼同樣是人，內心卻有天壤之別呢？在這社會上，有的人幸災樂禍，冷酷無情。但也有的人，心中充滿憐憫、慈愛，滿是體貼和溫情。

不放逸，自制、自律、有智慧的人，不為瀑流所漂蕩，能自做島嶼。

無論哪一個人擁有多麼過人的天賦、才華，若缺少運用自律的情況下，必難獲得並保持成功。

「柳綠花紅」是《金剛經》川老注中的句子，形容楊柳低垂，綠絲花紅的美麗春天景色。

這景色沒有參雜任何人工色彩，而是物本身自然的狀態，表示真實。《東坡禪喜集》中也記載「柳綠、花紅、真面目」，也認為「柳綠、花紅」才是本來的自然狀態，這種狀態就是本來的真面目，如此的自覺在自然狀態中有不變不動的真理。

一提到禪，即容易被認為是對現實的世界閉上眼睛，而且要專心的集中精神，但是這並不是目的。

反之，差別世界的目的是要充分張開眼睛，要比一般人更深入的觀察。要在無心的世界裏，將一切皆從自然的狀態來看待，即是禪的世界。這種情形就好像磨光的鏡子，會明確的照著對象物。

人的心也如鏡子一樣，必須要經過磨光後，把現實的世界觀察得更明確，這即是禪的目的。

所以，從一切皆空的立場來看，柳確實是真的綠，花真的紅色一樣，自然、恭敬的接收這現實的世界，即是「柳綠、花紅」的世界。

52. 謹守本份

很多人不了解自己的本份和責任，會逾矩而進入對方的範圍，增加不信任感。像宗教團體及其信仰者，其構成成員不論僧俗，都必須要比其它的俗家團體更為團結，表現出模範態度。否則，只是賣弄權力，忘了對方的立場。

在社會上擔任要職，會認為自己很偉大，而睥睨一切，表現出不可一世的態度。像這類的權力者，在宗教團體根本不需要。必須自覺到自己是神佛的僕人，要謙虛為懷。信徒團體應該是宗教團體的協助支援團體，而非壓迫、支配團體。

在「能」的世界中，配角是凸顯主角的角色。待在戴著面具，進行華麗表演的主角旁邊，不戴面具，也不跳舞，只是默默的坐在舞台的一角。雖說是默默坐在那兒，還是要與主角對話。坐在那兒本身就是一種演技，這樣才能凸顯主角，提升主題效果。

配角在舞台上是不顯眼的角色，現在是大家都想扮演主角的時代，配角是更為尊貴的存在。沒有配角的存在，沒有辦法發揮整齣戲的效果。看起來好像是無用的角色，但事實上，真正好的配角卻認為「別人都無法忍耐，可是我卻能夠享受忍耐的快感……」。

主角和配角的關係不只在舞台上，在日常生活中也有。政治的世界中，組織首長負責主導的工作，其他人則負責輔佐。在公益事業的營運方面，或是產業、經濟世界，都是在組織首長的領導之下，傘下的人進行事業的推進。但是最近很多的配角想要擠掉首長，取而代之。這種主客顛倒，旁若無人的姿態，令人感嘆。

當然，如果是不顧及整體意向，藉著獨斷與偏見，任意展現自私行動的暴君，會令人困擾。但是具有營運才能的首長，也要得到周圍配角的配合與信賴，才能成事。否則再好的計畫，也難以付諸實行。

「清風匝地」，指清涼的風吹過，非常涼爽的意思。而在禪的世界裡，它並不單指自然現象風的爽快。

那麼，禪的解釋是什麼呢？在說明之前，先來探討一下人類生存的意義。

有人認為，人類的生存是「結果第一主義」。所謂結果第一主義，就是不管用什麼方法，只要結果是好的就行了。

例如，作生意，乃是生產者與消費者互相結合的活動。生產者最主要的工作，就是生產能讓消費者使用的產品，透過努力生產的行為來謀取利益。

部分生意人透過生意賺錢營生的意識極強，於是利用專賣方式，讓消費者在其它地方買不到同樣的東西，自己則獨佔利益。

某些心術不正的推銷員，甚至可以為了業績而若無其事地欺騙老年人。在教育方面，為了提高升學率，學校不再信奉德智體群四育並重的原則。說人類生存的意義就是結果第一主義，倒是一點也不為過。

一旦心智為結果所蒙蔽，就無法領悟佛教的真髓了。

佛教認為，到達結果之前的過程最為重要，結果如何並非問題所在。每一天是如何過、應該要如何過，一定要先瞭解自己生存的意義。這麼一來，自然就能瞭解清風（佛教的真理）會巡遍各個地區（匝地），平等地吹入每一個人的心中。

即使考試失利或工作上遭遇挫折，只要你努力去做，就不會後悔。吹來的涼風，一樣會令你覺得心曠神怡。

53. 重視生命

心思會由「形」表現，而「形」又由「心」確認，且以另一種「形」出現，再由「心」確認……如此循環不已，就成為我們所謂的「習慣」。這種習慣會使我們養成某種固定的觀念。

這些固定的觀念很容易讓人以為命運是無法改變的。

道德重整運動的創始者富蘭克林·福格曼說：

「思想決定行動，行動變為習癖，習癖形成品性，品性決定命運。」

這是一個基本真理，也是決定命運的唯一真理。

倘若一個人老認為自己很不幸，那麼，不幸的事就真的會發生，他也會再度肯定：果然不錯，我真的不幸！

其實，就是因為他在心上認定自己不幸，所以，不幸會以某種形態出現。由此可知，人所以會受環境的支配，就是因為確認了環境的緣故。

也許有人會說：

「我是真的多遭不幸，難道自己想想也錯了嗎？」

事實上一旦確認不幸，不幸就會再度出現於現實。如此「心」與「環境」間的惡性循環，將永無休止。若想突破目前的命運，開創新的命運，一定要善用「確認以後，才成事實」的道理。

「放下才能擁有」，不肯放下執迷不悟的自我，一定難有成就。

除了少數的例外，大部份的人都最愛自己的生命，希望自己能夠健康、長壽。同樣的，對其它人而言，自己的生命也是最可愛的，也會努力的活下去。

但在世上，有許多人重視自己的生命卻忽略或犧牲他人的生命。理由何在呢？一些會殺人或傷人又若無其事的人，在做了一些比畜牲都不如的行為之後，或者是以政治或宗教理念來考量，根本沒有任何報復的理由，而他卻將這些行為視為正當化、視為理所當然，這是決不能原諒的行為。

釋尊在其言行錄中說：「他們和我一樣，我和他們同樣的。所以不可以殺生，不可以殺他人。」

有一次，釋尊的弟子寶間比丘問師父：「自我修行時，最應注意的是什麼？」

釋尊回答說：「不要偷盜。」

弟子自問自答道：「我已是佛門弟子，遵守五戒之一的不偷盜戒，為什麼師父還要這說呢？」

這時師父說：「不只是不偷盜他人的所有物，而是不要偷盜自己的存在。」

於是弟子有所領悟。

也就是說，我們自己身體也不是自己的所有物，是宇宙自然（佛）所賜的生命。因為有緣，這個生命才宿於我們的身體內，只是借住於此而已。我們一生當中，使用這個生命，待到緣盡時，生命就必須再回到宇宙自然。因此，在活著的時候，絕對不能粗暴的對待自己，一定要重視自己的生命。

對他人而言，這個身體也是來自宇宙自然，所以要重視他人，這就是佛教的想法。

「重視生命」，並不是因為這是自己或他人的生命，而是因為這些都是向宇宙自然借來的生命，所以必須要重視。

54. 俱胝豎指

古時候有個叫做俱胝的和尚。在修行時代的他，對禪問答幾乎無法回答，因此感到十分苦惱。後來，他在夢中向菩薩請教，隔了不久又向禪僧請求教誨。「佛教最重要的是什麼呢？」他可是使盡全身全靈而提出這個認真的問題的。這時，禪僧豎起一根手指作為回答。就在那一瞬間，俱胝忽然大徹大悟了。其後，不管別人問什麼問題，俱胝都只會豎起一根手指來。

有一天，有客來訪而俱胝正好不在。客人問在俱胝那兒修行的小和尚：「和尚教了你些什麼？」小和尚立刻模仿師父豎起一根手指。俱胝聽說這件事以後，就砍斷了小和尚的手指。當小和尚痛得淚流滿面，想要逃走時，俱胝叫了一聲「小和尚」，同時對回過頭來看他的小和尚伸出一根手指。在那一瞬間，小和尚也領悟了。

俱胝臨終前所說的話，就是：「這根手指就夠用了。」

原來修行時代的俱胝看到一根手指後，頓時瞭解到自己根本不存在。而出現在眼前的菩薩，這輩子很可能再也看不到，所以他才會拼命地向菩薩提問。

小和尚則模仿師父的作法。但模仿畢竟是模仿，並不是真實的。

也許有人會問，為什麼要切掉小和尚的手指呢？其實，小和尚被切掉的，只是模仿的假手指而已。假的東西失去以後，就會留下真的東西。手指被切掉以後，假的手指就不存在了，小和尚這才能豎起真正的手指。

不管是哪一個宗教，信徒對於教主和教義都必須要信仰不疑，否則就沒有宗教存在的價值了。任何一個宗教都認為信為善、疑為惡。一旦懷疑，就會遭到教主或教義的摒棄。因此，問題就在於信徒很難認識宗教的真相，一旦搞錯，信仰中就會造成缺失。

相反的，有的人完全不相信宗教的價值觀，過著懷疑的生活方式，經常以冷淡的眼光，懷疑一切宗教和其關係者，保持一定的距離，只有在必要的時候才接近而已。這些懷疑論者因為懷疑對方，所以對方也會以懷疑的眼光看你，不相信你，沒有辦法擁有自信走在人生的大道上。因為疑心生暗鬼，感覺不安與恐懼，這就是懷疑論者的缺失。

所以，不論相信也好、不相信也好，就好像諸刃劍一樣功過各半，因此，不能說哪一種生活方式才最好的。對一般人而言，必要的就是——在信任之前，要比較和檢討特定的宗教是否真的值得信賴。在信了教以後，如果發覺可疑，也要有將其捨棄的勇氣。

有些宗教團體會掌握他人的弱點，利用各種方式勸誘，迫使他人改信其它的宗教，這是值得大家注意的。是個值得信賴的宗教，還是個詐騙的宗教呢？在此為各位提供七項判斷的標準，各位可以加以檢查，如有符合的項目就不可接近。

（一）、巧妙說明現世利益（賺錢或健康法等）的救濟法。
（二）、盡說些怪力亂神的事，或募集金錢。
（三）、教主本身自認為是神佛，具有絕對的權威。
（四）、推銷超能力（心電感應等）。
（五）、具有倫理雙重性（說謊）。
（六）、使用藥物等草菅人命。
（七）、若有人想脫離該宗教時，對方會以各種手段威脅恐嚇。

55. 冰釋誤解

釋尊在其生命即將終結要離開世界時，對弟子們說道：「這世間的一切存在現象全都是無常的、虛幻的。人的肉體隨時都有毀滅的可能，我也不例外。在我死後，你們不要悲嘆，要以自己為燈火，以法為燈火。」留下了以上的遺言。

也就是說，各自相信「宇宙生命功能」的法則性，依循這個原則是最重要的，這樣才能活用釋尊的教誨。這番話也就是告誡人類不要把釋尊視為是絕對的。

即使是被世人評價為偉人的人，有時在人際關係上也會招致他人的誤解或是偏見，因而受到責難和中傷。當然關鍵原因有很多，不過一定會對本人造成直接或間接的傷害，或是引起他人的嫉妒心。

例如，最近政治家的收賄事件等，大都是事實，因此大眾傳播媒體爭相報導，連日不斷的追逐這些新聞。有時也許根本就沒有事實根據，或僅有一點若有似無的證據。為了詳細探察事實，甚至侵害他人的隱私權。這些事如果發生在各人身上也許認為是一種免費宣傳，可以一笑置之。但若發生在一般人身上，尤其是關於信用或是人格方面的問題，恐怕就沒有辦法輕易的一笑置之了。

這些誤解和偏見大都是「那傢伙很會騙錢」、「他呀！很風流哦」等，大都和金錢或異性有關。如果單是傳聞，常會成為背後他人談論的話題，但在不知不覺中就可能成為一種既成的事實。

一個孩子在學校經常受到欺侮，有一次教室裡發生了同學錢包被偷的事情，結果在他的書桌裡被找到（有人惡作劇，故意放入他的書桌中）。雖然他極力的否認、辯解錢包不是他拿的，但是沒有人相信他，同學和老師都把他視為犯人，從此以後，他再也不喜歡上學了。

一位男性有一次和他朋友一起到俱樂部去喝酒，喝得爛醉如泥，他單獨的被留下來，後來傳聞就變成了「那傢伙和俱樂部的老闆娘關係非比尋常哦！」而這些話傳到老闆娘的耳中，甚至使兩個人鬧得不歡而散。

如果一些不道德的傳聞發生在自己身上，並且是一些毫無事實根據的傳聞，你越是否認、辯解，別人就越把它當成事實，在束手無策之下只好「隨他去吧！」會使自他走入毀滅之路。

我們經常都會因為一些毫無事實根據的事情，而招到他人的誤解或偏見，此時會採取的態度和行動有以下三種：

第一，反駁對方毫無事實根據的傳說，如果對方不了解，會採用高壓的手段報復對方。

第二，認為別人的嘴巴是關不上的，因此以自己具有誠意的態度說服對方。

第三，認為任何人都可能會遭遇誤解或偏見，而不想說明什麼，根本無視於他人的想法而我行我素。

「花開靜悄悄，芬芳人自知。」讓誤解和偏見冰釋說起來容易，做起來很難。但不管有多難，一定要努力去做。如果此時，你正值春風得意，也要不斷努力，否則難免落入狡兔死、走狗烹的境地。

總之，一定要避免遭受他人的誤解和偏見，如果是一些毫無事實根據的傳聞，也無需慌張的辯解。需要本著誠心誠意對待對方，直到對方察覺到自己的誤解和偏見為止，以自然的態度面對一切。

56. 往者已矣

《四十二章經》中說：「人從愛慾生憂，從憂生畏。無愛即無憂，不憂即無畏。」

最近經常聽聞一些因為男女感情破裂，談判分手時卻又殺傷對方的事件，也有些是因女性擔心被所愛的人拋棄，而獻出自己的肉體、心靈，甚至交出自己用不正當手段賺來的錢，到了最後仍然難逃被對方所背叛，落得悲慘的下場。

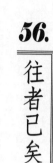

像這些發生在男女之間複雜的痴情事件，以軟弱女性為獵物的男性，確實是不對的。但是，上男性當的女性本身也不好。

古諺道：「男性為羞恥捨命，女性為男性捨命。」又說：「奉獻一切的時候，女性覺得好像給與整個世界，而男性卻覺得好像得到個玩具而已。」女性一旦獻出自己的身體，就無法抗拒對方、拼命的想要靠近對方。但有的男性卻認為這是一種負擔而逃之夭夭。被甩掉的女性，可能就會對對方展開報復。聰明的人領悟到自己被利用，就會快刀斬亂麻，斬斷兩人所有的關係，普通人則還會糾纏不清。

這種男女關係，就如「火柴和滅火器」的關係一樣。也就是說男性是火柴，在女性心田的這片油中點火，一旦燃燒以後又不敢靠近，慌慌張張的又想用滅火器來滅火。這到底是點火的男性不對，還是被點燃火苗的女性不對呢？這是難以判斷的。可是若在一開始就達觀的認為「相逢是別離的開始」，就不會深陷泥沼之中，無法自拔了。

雙方必須要了解自己，以君子不靠近危險的心態遠離誘惑，斬斷情緣。

一般來說這世上可分為三種人，也就是說屬於自己身邊或所屬集團的「想待在其中的人」、「待不待在裡面都無所謂的人」和「不喜歡待在裡面的人」。

看看我們的周圍，包括我們自己在內，都屬於這三種人中的一種。從家人、附近鄰居、學校、公司和服務的客戶等，在有意無意間都會用好惡的感情或利害關係來評價對方，經常反覆離合聚散的過程。

但是在此又出現了一個問題，就是自己對於所屬團體是必要或是不必要的人。如果是不需要的人，就會被排斥或邈視為沒有價值的人。例如成績不好的人、殘障者或老年人容易被忽略或捨棄，可是這些人對於這個世界而言真的是無用的人嗎？

如果是這樣，那麼，屬於這個群體的人最後就會變成「待在這世上都覺困擾的人」，其心境之悲慘、悽涼可想而知。

每個人都有生存的權利和價值，而人類是感情的動物，無可避免的會選擇對象，就算自己一心要對對方好，也不可強迫對方接受。應該要表現出一種「往者已矣，來者可追」的態度，靜待對方的表現。

猶太女思想家希木兒威尤在她的斷章集《重力與恩寵》中描述：「有些努力會出現與追求的目的相反的結果。而另一方面，有些努力即使不符合理想，也是有益的努力。」

也就是說自己努力的結果，即使會使雙方的人際關係更為接近或疏遠，可是只要對對方擁有情愛，就能夠成為我們人生的糧食，對我們有積極的作用。

在這世上能夠按照自己意思發展的事情不多。但是，必須了解人生中沒有什麼事情是無用的，要秉持誠意對待周圍的人。

《大乘起信論》說：「一切邪執，皆依我見；若離於我，則無邪執。」

57. 可愛與可憐

《法苑珠林》說：「甘露及毒藥，皆在人舌中。」

「眼睛比嘴巴更會說話。」眼睛和嘴巴一樣可以成為表達的工具，甚至有過之而無不及。

有時候，言語可以巧妙地騙人，但卻從眼睛裡透出真實的訊息。所謂「眼為心之鏡」，從一個人的眼睛可看出此人的正邪及辨別其言語的真偽。

英國心理學家M•雅吉爾分析，無論什麼樣的人際關係，都必須遵守以下四種規則。

第一、尊重對方的隱私。

第二、看著對方的眼睛說話。

第三、談論秘密後，內容不可轉述給他人。

第四、不隨便批評別人。

這些看來是「理所當然」的規則，其實是很難做到的。再者如第二項「看著對方的眼睛說話」，是十分重要的一項。

在男性而言，在聽對方說話時比自己說話時更會注視著對方的眼睛。而在女性方面，剛好相反，女性在自己說話時，比聽對方說話更注視著對方的眼睛。

感情不錯的男女，女性在對男性說話時，二人的目光會儘量相會。而在熱戀中的情侶，幾乎無時無刻眼神都是膠著在一起的。

現代的年輕人，經常使用的稱讚話語是什麼？很聰明，很美、外表很好看……等等，而更常聽到的就是可愛。許多人看某些演藝人員的動作很可愛，就會爭相模仿、暫時流行，而這種可愛的動作也能博取他人的好感。有些人確實會讓人有想要竭心盡力去「保護他」的感覺。

不只是年輕的女孩，一般人對於感到可愛的對象，不管是同性還是異性，同樣的也會想要保護對方。但是有些人就會下意識的裝作「可愛狀」，讓人覺得很不自然。不管怎麼說，只有自然的動作，才會讓人看起來覺得可愛。

然而「可愛」和「可憐」之間也只有一紙之隔。當他人有難、有痛苦時，只想著如何幫助對方，一種俠義之心和母性本能的發揮，使人不能坐視不管。如果對方看似楚楚動人，會使人油然而生「好可憐」的憐憫之心。如果對方是志得意滿，令人憎恨、傲慢的人物，當然任誰也不會去幫助他。如果對方比自己聰明，且本身也是一個優秀的人，自己不但不會幫助他，且會敬而遠之。

當然，這可能是起於一種尊敬之念，但是否擁有情愛就不得而知了。

如果雙方都認為對方是「可憐人」，基於互相了解的情況，就能夠湧現情愛，更進一步的可能就會想要「憐憫對方」。

真愛不是朝夕奔騰的江海，而是源遠流長的細流。

不論是朋友、戀人，或者是夫妻關係，雙方如果表現出完美無缺的樣子，或是以威風凜凜的態度鄙視一切，絕對無法得到他人的喜愛，也無法愛他人。所以仔細想想，無論是誰，應該都是一種「可憐」的存在。

人最普通的一個障礙就是「成見」，它是一種妨礙判斷很有力量的感情。凡是你所喜愛的人或意見，你只看見它的一切好處；換了你所厭惡人，也就只有看見他們的壞處了。尤其是種族的成見是格外的普遍，它常要阻礙種族互相融洽的感情。

58. 極小即極大

中國傳說的八仙之一——呂洞賓，曾問黃龍誨機禪師：「一粒粟中，包含廣大無邊的世界；只能放五合（容量，約〇・一八公升）飯量的小鍋子，能煮山河大地嗎？」據說，呂洞賓問罷即開悟了。

這句話是表示，斷絕經常用二元相對性思考的凡人心。表示絕對無的作用。一粒粟中，含藏著大千世界，亦即包藏著宇宙。煮五合米的鍋子裏，能煮山河。小如粟粒、山河；大如大千世界、山河大地相配合，表示是一體，即小是大、大是小。

在常識的世界、辨別的世界裏，聖母峯大於雪山、宇宙又大於聖母峯……，我們就是生活在這種大小的世界裏。

從佛教的般若智慧來看，一切都是因緣而生，一切是空。自一切空的立場來看，已無大小之分了。

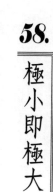

《華嚴經》中特別強調「極小即極大」，認為自覺已無大小相對的世界，就是悟了。「一粒粟中藏世界，半升鐺內煮山川」即是表現這種省悟的世界。

有句話說「和顏愛語有回天的能力」，和顏愛語是溫柔的人、溫柔的愛。和顏愛語有時也能推翻天下的國際政治。

所以，雖然是小，也是有力量的，甚至具有推翻天的強大能力，因此，用不著怕大東西，小東西是不可忽視的。

徹底地認識你自己，你就會認識佛。

百戰皆捷，有勇將之名的拿破崙曾誇下豪語：「我的字典裡沒有不可能這個字。」將俄軍趕到首都莫斯科附近，勝利在握時，卻因為長途的疲倦和寒冷而中止進軍，最後慘遭失敗，晚年被關在科西加島上，過著悲慘的生活。

在世界歷史上留名的政治家、軍人及實業家，在其顛峰期能夠行使絕對權力，留下偉大的業績。但這些榮華不可能永遠的持續下去，到終了下場悲慘的人屢見不鮮。所以即使具有才能和權力，能力也一定有一定的界線。

每個人都有做得到與做不到的事情。若不能了解這一點，過度相信自己的能力，或是周圍的人對自己擁有過分的期待時，漸漸的就會認為自己是擁有超能力的人，而這虛像卻會愚弄你，使你成為赤裸的國王。這種情形普遍的存在於這世間。

不管在任何時代，都需要能夠完成世人夢想和期待的英雄或偶像出現。

美國前總統甘乃迪和歌王麥克傑森，就是很好的例子。就好似救世主般的被視為是超人，認為他們能夠完成我們的夢想和期待。但萬一希望落空，眾人將對其非常的失望，而使本人跌落痛苦的深淵中。集眾人的夢想與期待於一身，在這種重責大任之下，對這些人而言，卻是一種災難。

所以，我們對於這些英雄或偶像，不能將其視為具有超能力的人，對他們產生過剩的期待。任何人都不是萬能的，每個人都有能力所不能及之處。深受眾人期待的人，也必須在自己能力所及的範圍內盡力而為。

有些人會對對方抱持過多的期待之心，而自己卻不做任何的努力；在自己的期待落空時，則又責怪對方、怨恨對方。

其實，這個責任不應該歸咎於對方身上，應當責怪自己的糊塗，期待別人做他辦不到的事情，要別人擔這些重責大任是很殘酷的事。

59. 荒草裏橫身

在我們周圍有許多人，都是不值得尊敬和信賴的。但也有許多「優秀的人」和「偉人」，這兩者是不能混為一談的。所謂「優秀的人」就是自己並沒有太多的自我主張，但其言語行為會自然的安慰周圍的人，使大家想跟隨他。所謂的「偉大」，就是將自己的頭銜和擁有的東西，視為自己品格的一部分，總要表現出優秀的一部分。

如果你具有某種程度的看人眼光時，你就可分辨出「此人是優秀的人還是偉人」。但在經驗不足時，可能將兩者混淆，誤將偉人看成優秀的人。像名片或履歷表上會寫著「長」等頭銜，我們會認為他是偉人。但一旦這些人身居政府要職，或權力在握時，就會展露出傲慢不遜的態度，這些人不能稱之為偉人。

這些人在組織中，有些可能會不遵從上司的命令，但是否是真的值得信賴和尊敬的人，令人懷疑。

我們自己雖然不想當偉人，但應當成為一個優秀的人。對方是否真的是「優秀的人」，只要聽聽他不在場時別人對他的批評就知道了。如果大家都說他是「好人」，則他就是「優秀的人」。說到「偉人」，也許在他本人面前，大家會對他阿諛奉承，或是低頭致敬，但在其背後，評價可能就完全相反了。對我們而言「優秀的人」與「偉人」，到底何者較為重要呢？現在學校的教育，雖然可以培養出「偉人」，但卻無法培養出「優秀的人」。

即使是優秀的人物在身邊，如果不知其價值，有也等於無。雖有這樣的人物在身邊，卻覺得前人比現存的人更偉大。

其證明就是，距今幾千年前實際存在的釋迦牟尼佛、蘇格拉底、牛頓等人，在當時並不著名，只有其居處周邊的人知道他們的存在，但現在卻在世界各地為眾人所知，受人尊崇。

人類價值往往是相對的，是靠主觀而決定的。即使本人在世間創下豐功偉業，得到他人至高的評價，但是無法得到來自外人，絕對客觀的好評價。所以，即使本人自負為「我是偉大的人」，縱使這是事實，但也未必得到他人的認同。

真正的偉人是得到眾人的認同，即使他本人不在場，大家同樣的佩服他，甚至會朝著他的背影膜拜。這些人不見得是顯眼的存在，而是熱心的默默為世人奉獻，是屬於為善不欲人知者。

心的淨化完全要靠自己，無論是多麼神聖的人、多麼神聖的經典，也僅能提供正確的方法。

《碧巖錄‧一五》說：「荒草裏橫身。」

大意是把身分脫落在非常下賤的地方。「荒草裏」，是形容低賤的情形。要給眾生帶來慈悲，必須要讓自己的身體低下，沾著俗塵。

通常禪家所指的荒草或草，大多指人類的煩惱而言。的確，凡人本來就是身躺在煩惱中，日夜苦惱。

禪語「荒草裏橫身」是指，一旦自覺的人（即已省悟的人），會再度回到這個煩惱的世界中；為了拯救一切眾生，要特別沾著俗世的塵垢，並且要與眾生同苦、同樂。這種情形叫做菩薩的慈悲。

60. 君子無所爭

《論語》八佾篇記載，子曰：「君子無所爭，必也射乎！揖讓而升，下而飲，其爭也君子。」

一個人能到處受歡迎，其「風度」非常重要。

不管是誰，當別人對你表現出好意的態度，或是當你受到稱讚時，都會很高興。即使明知對方只是表面上的讚美，恐怕也沒有人會有拒絕的反應吧！

棒球或馬拉松選手，在比賽入場時，受到觀眾狂熱的加油、歡呼，這些鼓勵的話語，也會使他們湧出勇氣，而發揮超出自己力量的力量。這就好像為賽馬注射興奮劑，而使他們向前衝刺一樣。在選手腦內，會分泌一種好像麻藥般的內啡肽物質，而使選手旺盛的展現活動。

如果這是事實，那麼要鼓舞士氣，採用稱讚、鼓勵，甚至阿諛奉承的方式，應該更能夠有效的使人發揮自己的潛能。

如果是女性，周圍的人都說她「妳好漂亮啊」、「妳好美麗啊」，她就真的會覺得如此，而變得更美了。

曾經有一位學生，在高中畢業時，他的級任導師對他說：「以往你非常努力，今後要更加努力喔！」這句鼓勵的話，他深記在腦中，至今不忘。

而另一位學生，老師對他說：「你真是太差了，不管要你做什麼，沒有一件能做得好的。」結果他變得更加墮落，且憎恨這個老師。

她向他說：「我對你的將來寄望很大。」但他卻認為：「她真的肯定我的未來嗎?還是只是奉承我而已。」而有很大的不安感。

為什麼他會有不安感？

據美國的調查研究顯示，一個小學的教師，面對一個他寄予厚望的學生時，會有以下的言行。

①、當學生答對問題時，給予極大的讚美。

②、當學生答錯問題時，給予一些提示，並要求重新回答。除了言語以外，在肢體語言（非語言溝通）上，也會有不同。

③、與學生談話時上身前傾。
④、視線與學生的視線相投。
⑤、常點頭。
⑥、常微笑。

以上即是一個老師在對寄予厚望的學生時的舉動。探身、目視、點頭、微笑，這些就是表現期待的方式。

「我對你期望很高」當她說這句話，而他會懷疑的原因，就是因為她沒有正確表達出她的期待感。

若因他人的阿諛奉承而沾沾自喜，當然是愚昧的事情。以前日蓮上人也說：「被愚人稱讚是第一恥辱。」因此，我們一定要深自警戒。但如果受他人稱讚，或是稱讚他人，會使整個社會祥和或活性化，又何樂而不為呢？

馬斯洛說：「心若改變，你的態度跟著改變；態度改變，你的習慣跟著改變；習慣改變，你的性格跟著改變；性格改變，你的人生跟著改變。」

境由心生，你的人生如何渡過，全看你的選擇。

61. 自然與人工

人存在於這世上，總是會有許多想做的事情、想要的東西，如果都能如願，那當然最好。但事實上總有不如意之事。

例如，男女之愛變為一種相思相愛的關係，兩個人約會，過著快樂的每一天，實在是美好的事情。但是，若對周圍的人造成麻煩可就不好了。能夠以一種「自然的關係」，喜歡則聚，不喜歡則散，好好的相處才是好的做法。

即使是貓、狗也可能和同伴互相嬉笑打鬧，進行性交、生下小貓小狗。而人類如果在一種好的氣氛之下，也可能發情、興奮而與對方發生性關係，雙方不需要壓抑感情或性慾，很自然的征服對方或是享受被征服的喜悅。

但是，人類光靠這種「自然的關係」是無法成立與異性間的愛，還是必須得到社會上眾人的認同。訂婚、結婚、過著家庭生活，養兒育女，形成一連串的共同生活，當然也必須要對社會負責任。

這種「人工的關係」，並不是居住在山中、不和任何人交往，過著如神仙般生活的二人關係。在這個婆娑的世界中，必須與人交往，過著社會生活，生活就需要錢，因此就需要工作，工作就必須和工作場所的上司、同事相處。

所以不允許自己任性的言語行為，有時必須忍讓，甚至躲在被窩裡偷哭一場。隨著年齡的增長、地位的爬升，在這些「人工關係」中，社會的責任變得更重，想要過著隨心所欲的生活變得更困難。有的人因不喜歡這種生活，便瞞著他人，偷偷的持續與某人建立同居關係，拒絕一切世間的交流，過著徒食生活。

我們雖想擁有「自然的關係」，可是卻必須過著人工社會生活，具有這種背道而馳的矛盾人生。在自我主張與妥協的緊張關係當中度過每一天。要使其兩立並不簡單，一開始如果就固執於自己的「自然關係」，無視於是否會對周圍的關係者造成困擾或痛苦，而我行我素的人，就是旁若無人的「任性者」。

以上所敘述的「自然的關係」與「人工的關係」，也可以用「個人生活」和「社會生活」的方式來稱呼。

要忠於自我，同時對周圍的人盡義務是很困難的。如何使其兩立是大家的問題，這時就可以運用自己的智慧，發揮自己的個性了。在這兩個背道而馳的定律當中摸索，超越這些煩惱的道路，才是真正的人類生活。

淡泊是一種明智、豁達，當你捨棄一些東西時，必然得到你想要的東西，才能擁有淡然的幸福。

《金剛經》說：「一切有為法，如夢幻泡影，如露亦如電，應作如是觀。」表示，這個世界中的一切猶如夢幻一般。要有認為萬物是一體一如的觀念。

大乘佛教的思想到了後世即出現了唯識論，這是非常複雜的佛教思想體系。唯識論認為，三界是一心所造的。

因為，自己心中認為有山，山才會出現在眼前；認為有河，河即出現在眼前。無心的心按照自外界進入的緣，會產生所謂八萬四千的各種想法。然而，從本來的立場來看八萬四千的煩惱，其實全是空無一物的。如果沒有緣，那麼，任何心都不會出現。

假使把一切的事情當做夢，即不會出現大喜大悲的情形了，也能擁有一顆不被任何事物拘束的心，這種無心的心就是最強的心。

62. 東山水上行

有一位僧侶問雲門禪師：「如何是諸佛出身之處。」（三世的諸佛，所體驗的自由的省悟境界，是哪一種境界？）

雲門禪師則答：「東山水上行。」（山移動在水上流去。）

屹立不動的山，會在不斷流動的水上流去。在這種表面上看似矛盾的表現中，拋棄了動與不動的對立想法。

不只是拋棄動與不動而已，也可以說是斷絕了生與死、苦與樂、善與惡、是與非等一切的相對認識。這種二元對立的觀念會變成辨別、妄想的根源，是阻礙禪所要求的絕對的認識。

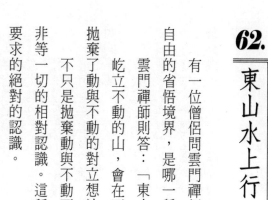

禪語中有許多這種不符合常識的句子，例如：「燈籠跳入露柱」（燈籠跳入露柱裏）、「山門走出佛殿」（山門跑離佛殿）。

燈籠會跳入柱子裏、山門自己會跑開等，這些都是無法在常識的世界中想像的事情。

雖然表面上是違背常識的，其實不是違背常識。因為違背常識是要破常識的底，而且要重回到產生這種常識的原點。

從它的根源去看，山、川、男、女原是一體的；從這種一個的世界來看的話，自己也能變成大山；也能變成大湖。

用在這種世界體會的心境，在這種世界活動，這種活動叫做「東山水上行」。這句違背常識的話，實際上與雲門禪師所說的「日日是好日」，是表現完全相同的事情。

在社會上有些人對自己已經領悟了一些事情而感到滿足，對任何事都不表關心或興趣，卻泰然自若。可能是因為我的好奇心旺盛，我不贊成這種態度。如果某個地方發生了什麼怪事，或有什麼稀奇的東西出現，只要自己時間和預算允許，定會飛奔過去，以求一睹為快。豎耳傾聽一下，就會發現世間還有許多自己不知道的事情。

如果對周遭的一切都不甚清楚，豈不枉費了這難得的一生。

首位登上世界七大洲最高峰的女登山家田部井淳子，曾說過：

「想到別人沒到過的地方、不知道的地方看看，這就是我所有行動的累積。我並未擁有比常人好的體力和技術，我也不喜歡挑戰或冒險這樣的說法。我只是個普通人，而能滿足我好奇心的，就在七大洲。我不期待他人的評價，深深迷住我的，就是山。我所做的事情，如果有人想做，願意去做也不錯。人總是會死的，但總希望留下值得回憶的。我經常在想，如何使自己的歷史變得更豐富。」

我們雖然不像田部井這麼偉大，今後如果有機會也要到人跡罕見的世界僻地，去體驗常人體驗不到的事物，到任何地方去體驗一下未知一切的遭遇。這樣內心深處也感自喜，自己也擁有田部井所未曾經驗過的經歷。

在死之前，若未能完成心願，當然會死也不瞑目。對於生命意義而言，多少擁有些好奇心是件好事。

有主見是一種性格，更是堅持自我的智慧。在一些原則性的問題上，恰當的「一意孤行」，不失為一種「慧眼獨具」的處世之道。當你掌握這一技巧之後，你的人生一定會邁向一個嶄新的台階。

63. 如愚如魯

道元禪師曾說：

「在不為人知的時候偷偷行善。做了壞事以後，不要隱藏罪惡，而要懺悔。這麼一來，做了不為人知的善事，能夠得到神的感應，做了壞事則可以藉著懺悔使罪惡消失。」

而我們日常的行動，似乎違反了道元禪師所說的話。做了壞事就千方百計地掩飾，做了好事則到處宣揚，想要獲得眾人的肯定。讓血汗結晶默默地結束、靜悄悄地不為人知，對現代人來說根本就是不可能達到的境地。

很努力地完成一項工作後，任誰都會想要在同事、朋友面前炫耀一番。

要默默行善是很困難的，但是禪道高人們卻能若無其事地辦到。

就拿禪師掃廁所這件事來說吧！在曹洞宗居最高地位的禪師，卻每天在雲遊僧清早起來之前，跑去清掃廁所。本山的起床時間是清晨四點，而禪師則是在三點就爬了起來。利用這一小時的時間，禪師悄悄地將廁所打掃乾淨。到了打掃的時間，負責照顧禪師的雲遊僧，卻抱持著勉強的心態，打掃禪師已經打掃乾淨的廁所。

一直到禪師死後，這段軼事才傳進青年和尚的耳中。歷代的禪師們都有這種共通的軼事。

對些許小事、不顯眼的工作也全力以赴，當然不會是為了利益或沽名釣譽。默默地做人類應做的事，這種行為就是所謂的「如愚如魯」。但是，就算被人稱為笨蛋，那又何妨呢？重要的是要去實行。

有的人會在別人請他幫忙時推說：「這件事請別交給我，我已分身乏術了。」有些人則會說：「沒有人肯把工作交給我做，再這樣下去，生活都成問題了。」

人生真是一大諷刺。有的人工作做不完，有的人卻無事可做，這種過疏化的現象逐漸的升高。

世間事真是不可思議，有需要的地方，自然就有供給者。而能夠滿足供給的人，自然備受重視，無法滿足供給的人，就會使需要遠離。這也是自然的道理。

因此，如果別人請求你工作，表示你能夠滿足他人的期待之心，對此應該要有感謝之心。

若別人不願請你做事，或者是機會較少時，就應自我檢討為什麼會如此，要深自反省。

對於他人的要求，有的人會看輕自己，認為「為什麼會是我呢？我恐怕會辜負你們的期待，我沒有這種實力，你們恐怕弄錯了吧！」對方早就已經看穿你了，如果你真的不能達成他們的期待，他也不會來請你為他做事了。

不只是工作，在徵求意見或請求照顧時，也是同樣的情形。對方一定相信你有這種能力和實力，才會請求於你。當然每個人的期待有所不同，總之，你只要盡力而為，配合他人的期待即可。

聽朋友說，工作要找忙碌的人來做。理由是工作須一件件完成，所以在給了承諾以後即會在期間內好好的完成。如果請位閒人來做，他可能不改閒蕩的習性，而未能如約於期限內完成。如果真是這樣，那麼，接受他人的請求時是應該感到喜悅的，且要有自信的去配合他人的期待。

有的人在答應了他人的要求之後，卻不能如他所期待的在約定期間內完成工作，只好找些理由來藉口搪塞。這種事偶爾為之，尚可被原諒，若經常發生這種情形，也就難以被人所信賴，得到工作。

在工作的需要大於供給、人手不足的時代，做事馬虎點，別人也許不會計較，也許會允許你的任性。但是在工作供給過多和人手過剩時，馬虎的工作態度當然不被接受，屆時賦閒在家，可能會三餐不濟。

如果沒有正當理由而違約，造成了對方的困擾又不自知，甚至不曾表示過抱歉的意思，那麼此人的人格就不得不令人懷疑了。如果別人也如此待他，他也能若無其事的接受嗎？雙方約定好的事項，如果有一方若無其事的破壞，結果將弄得雙方都不愉快，甚至轉嫁責任，歸咎對方。

不遵守自己應盡的義務，在不順意時又將責任歸咎於他人，這是無意義的。但在這世上，有許多人就是這樣過了他的一生。

元朝中峰和尚說：「做對別人有益的事情是善；做對自己有益的事情，是惡。若是做的事情，可以使別人得到益處，哪怕是打人、罵人也都是善；而有益於自己的事情，即使是禮貌待人也都是惡。」

64. 謹言慎行

如果對方的言語行為我們看不順眼，就會在背後批評，或是當面責難。尤其是對自己不喜歡的人，更是如此。有時自己自尊心會受傷害，有時對對方產生嫉妒心，這時就會想到打擊對方，一掃心中的陰霾。

而類似的情形就是批評對方。這和希望對方能夠進步向上，好好的和對方溝通的做法不同。是背後說壞話或是當面責難。

很多人會將二者混為一談，對他人當面批評的話語也當成是背後說壞話，或者是當面責難，因而加以拒絕或排斥。每個人都應擁有分辨兩者的能力。

經常有些政治家沒有搞清楚周圍的狀況，就大放厥辭，也許最初沒有想到後果的嚴重性，說了一些不負責任的話，結果無法收拾，只好做出取消前言的辯解或道歉，甚至必須要辭職下台，以示負責。

當然有責任的幹部，總想要說出真心話，但是要考慮到發言的內容對周圍造成的影響，絕對不能「想說就說」。

不只是重要的幹部，任何人對自己的言語行為都必須負責任，不可找藉口推託，一定要謹言慎行。言語本身就是很曖昧的，有時說出的話會招致誤解或曲解，尤其是當你給對方善意的忠告時，也必須要慎重的選擇言詞，如果不具有誠意，當然會被視為是一種責難。

如果你無意責難對方，只想給些正當的批評，那麼，你必須擁有超出對方以上的能力或實績，才有資格去批評他人。

喜歡說話、對他人意見總是會插上一腳，或表現出反對態度的人，到處都有。有時就算不合理，也會堅持自己的主張，讓其他人感到困惑；這種做法實在不對。

這時你若想要批評他人，就好似火上加油般的會令對方更為憤怒，等到對方將矛頭指向你時，恐怕你只好逃之夭夭了。尤其是當上司或配偶或朋友等身邊的人遭遇災難時，絕對不要在一旁說風涼話：「我早就知道會這樣。」切記適可而止。

通常好辯、喜歡說話的人，大都是自我主張較強、個性任性的人。法國思想家拉洛休夫科在他的著作《省察與箴言》中，也諷刺的說道：

「井然有序的意見，很多人會頑固的加以反對，與其說是不了解，還不如說是因為自尊心的緣故。也就是說，自己不能夠帶頭成為贊成派，也不願跟在他人的後面。」

如果一定要用言語屈服他人的人，可能一開始就不相信對方，證明自己的心靈非常的貧乏。同時沒有推銷自己，讓對方了解的自信和實力，因為自卑感作祟而批評對方。但是這種做法，漸漸的會使人無法信賴，必自取滅亡。

有句格言說：「沈默是金」，而「昏昏默默」也是深沈的沈默，是表現真理的最佳方法。

「言語由沈默轉為沈默，噪音則是由噪音轉為噪音。」只有來自沈默的真正言，才能深入人心，產生決定性的影響。

然而人在燈紅酒綠的場所，耳酣酒熱之際，經常會脫口說些言不及義的話語。例如，光是聽人說起，就到處廣播：「那個××啊！最近賺了幾千萬。」或「這件事是××幹的。」利用當事人不在的時候，將槍口瞄準對方。

有人說，這是消除日常壓力的方法。

辛苦工作了一天以後，藉著言不及義的閒聊來打發寶貴的時間，實在是非常無聊的作法。如果真能消除壓力，倒也無可厚非，問題是這麼做非但不能消除壓力，反而會惹得嫉妒心如毒蛇猛獸般湧來，逐漸腐蝕心靈。

釋尊在世時，每當有人說出言不及義的話，總會提醒他們注意：「你們聚集在此，必須做到二件事情。那就是正言語與尊沈默。」

即使弟子們是利用修行空檔與人閒聊，也會受到釋尊的警戒。而生活在現代的人們，脫口而出一些無聊的話，似乎已經成為一種習慣。

中國某位禪師高人曾言：「要撒下自己的善根（修行）時，聆聽他人的功德毫無意義。」也就是說，聽他人的傳說對自己沒有任何幫助。最重要的是要重視時間，不可因為一些無聊話語而浪費時間。

人們心裡都有一個秤，你心裡的秤究竟是「怨」重，還是「恩」重一些呢？何妨讓「怨」像流水一樣被沖走，讓「恩」像雕刻一樣永留心田。

「得理要饒人，理直氣要和。」對自己的朋友多一些寬容，多記一些恩，少記一些怨，在和諧的氛圍裡總比事事勾心鬥角的氛圍要好得多。

65. 橋流水不流

《五燈會元》說：「橋流水不流。」（不可能流動的橋會流動，流動的水反而不流動。）

是重視超越常識的世界，脫離辨別心或妄想的相對性的認識，重視絕對的認識志向，以常識的世界眼光來看是行不通的，是一種完全矛盾的表現。

為了到達省悟的境界，要放棄通俗的對立想法，要變成無我、無心。為了要徹底追求絕對的真理，要採取超邏輯性的態度。所以，在禪是否定普通的知識或倫理，超越普通的知識或倫理而獲得純粹智（真智），因此，會採取非邏輯性的邏輯立場。

這句話是出於梁武帝時代傅大士的偈中。

我們生活在普通所謂的常識世界中，不論好事或壞事，皆用常識來判斷的這個世界。這種常識的世界以佛教的術語來說，即是辨別心。

辨別心是唯識學者的表現，存在人的內心最深處，亦即在深層心理的第八阿賴邪識。第八阿賴邪識成為主人公，會對自外界進入的光或音起反應，並產生辨別的心。

人會煩惱、迷惑、傷心、快樂、生氣等，都是從第八阿賴邪識所產生的。要解除這些私慾偏情，一定要從第八阿賴邪識下手，徹底斷絕。

「橋流水不流」或行走時坐在水牛背上，手不持物卻用犁、鋤頭來耕田等完全不符合常識的詞句，來表現斷絕第八阿賴邪識某種意識的世界。

第八阿賴邪識與外界的光結合，即產生辨別心，換言之，外界來的光若未與第八阿賴邪識結合，即不會產生任何辨別心了。

用這種想法絕對的解決私慾偏情，即是佛教的想法。

同樣是人，卻互相傷害，互相砍殺，只為一爭勝負。當事人對喜怒哀樂及人生的明暗一分為二，但其中有莫大的人的犧牲和經濟的損害，則難以估計。人類竟然是會做這些愚蠢行為的動物！

不管是誰，活在這個世上，都希望過著幸福的一生。對於為了些許的小事而對立，甚至發展為戰爭，互相謾罵、殺伐，這似乎不是人類該做之事。但可悲的是，這卻是事實。不只是國家之間，在我們周圍也會有些大大小小反目成仇的紛爭事件，不斷的發生，我們也常被捲入這些漩渦之中。難道我們真的無法永久脫離這種爭鬥之道嗎？

當然對立者之間，各有說詞，如果很明顯具有利益上的利害關係，大家都希望有所得，為了穩固自我和發展，就會展開戰鬥。但是因此蒙受損失的人，絕對不會沈默不語。為了防衛自我，當然也會對於得到利益的一方，採取報復的行動。這就好像翹翹板的遊戲一樣，在沒有規則的比賽中，互較長短。

春秋戰國時代，群雄割據，互相爭霸，不斷發生以血洗血的悲慘戰爭。身處其中的孔子，希望眾人停止紛爭，希望能夠社會和平，因此，把他的理念傳達給弟子們。

當時弟子子貢曾請教老師：「請用一句話，給我一個能夠終身遵守的指標。」孔子回答說：「那就是恕。」他又說：「己所不欲，勿施於人」。

唐朝名將郭子儀，不僅在戰場上攻城略地勢如破竹，在待人處世中也是一位特別善於對付小人的高手。他與小人打交道的秘訣就是「善待小人，將小人當君子養」。

所謂「害人之心不可有，防人之心不可無。」君子與小人的區別就在於本身的修養。君子會把事情看得很開，不會講別人壞話，寬宏大量；小人可能心地較差，事情看不開，如果有人對他不利，他一定「加倍奉還」的。

體貼對方之心非常重要，如果能夠忠實遵守這一點，絕對不會捲入紛爭，有個和平的人生。但是即使自己願意如此實行，對方卻不與你擁有同樣的想法，而做出旁若無人的舉動，可就糟糕了。

另一方面，就算自己以體貼之心對待對方，可是對方也許根本不願接受，反而覺得你很囉唆。由於意識形態和性格的不同，而雙方能夠同處於同事同情境地的機會比較少，因此，只好站在各自依賴之處的個人或所屬團體的立場上。

想要進入一個超越利害關係的境地，是很困難的。

自己給予對方的要求，對方不見得辦得到。但是自己不希望對方做的事情，當然可以不對對方做出來。最低限度如果能夠堅守這一項，就可以減少捲入不必要的紛爭或爭執之中的可能性。

66. 不要害怕責難

社會上有許多人，遇到不順心的事情就會不滿、發牢騷。對於自己的缺點，總是發現不到，一旦發現別人的缺點就苦苦相逼。這麼做也許當下會覺得非常痛快，但在不知不覺中卻污染了自己，使得人生更顯得無聊。

釋尊在世時，有些人忌妒他的名聲，在他的周圍散播謠言。聽到那些傳聞，釋尊並不辯解，只是勵行修行。

有一天，弟子們知道了這件事情，很生氣的對老師說：「你為何沈默不語。」這時釋尊說：「人的嘴巴沒有門，想說什麼就讓他們說好了，但是這就好像向天吐口水一樣，不但不會弄髒天，只會弄髒自己。」

又有一次，有人在釋尊面前罵他，那人態度惡劣，釋尊卻若無其事。那人說到累時，釋尊問他：「朋友啊！如果別人送禮物來，你不接受的話，那麼，這禮物應該屬於誰呢？」

這個態度惡劣的人，終於知道自己錯了，於是默默的懺悔。

不管是誰，都有缺點。這世上並不曾有受萬人所喜愛的人，即使是釋尊這樣傑出的人物，也不能例外，更何況是我們這些凡人。

釋尊在《法句經》中說到：「不論是過去、現在或未來，沒有人一直受毀謗，也沒有人一直受稱讚。這是自古以來就存在的事情，並非今日才如此。沈默的人會被責難、話說多了會被責難、話說少了也會被責難，在世上沒有不受責難的人。」

如果這是事實，即使自己問心無愧而受到責難，也是人之常情。

武者小路實篤就曾經說過：「你看到也好，沒看到也好，我還是一樣盛開。」也就是說，只要是自己該走的路。就勇往直前，不要在意他人的閒話。

一旦開始做事就必須覺悟到可能會受到他人的責難，這是古今不變的道理。按照一般的習慣，若和大家做同樣的事情，就平安無事。但如此一來，就必須不斷注意周圍的眼光，什麼事也做不成了。當然並非鼓勵大家做事情都要反其道而行，採取個人任性的主張或行動，這樣對於本人、對於社會都沒有辦法建立信心和時機，只是個叛逆者而已。

《我的人生訓》中說道：「如果做了與他人不同的事情，一定會受到責難。若要避免就只能擁有與他人同樣的思想，做與他人同樣的事情。所以，被責難具有運動的意義，但是，決不能受到所有人的責難。」

事實上，整個社會的進步發展，經常都是由改革現狀的人達成的。

從前英國的一位評論家渥塔巴吉伯特就曾指出：「人生最大的喜悅，就是完成了別人說你做不到的事情。」

如果我們真的自覺到有一種應該去做的使命感，就不要在意他人的看法，朝著目的邁進。但這個使命感並非外觀上威風凜凜的表現，而應默默的去做。如果因此受到他人的羨慕或忌妒，遭到非議，也要甘之如飴。遇到挫折不要氣餒，不要輕言放棄，否則就失去生存的意義了。

誰都不希望受責難，卻都希望能受到他人的肯定。有時當你認真工作時，別人仍然背地裡指指點點，極盡批評之能事。許多人會因此而情緒低落，不願再工作。

在遭人責難時要確認其內容，自己再反省一下，如果有錯就當改過不要再犯，對於用心給予我們忠告者，要衷心感謝。如果不反省自己、感謝他人，反而怨恨、報復他人，就是把自己的不滿，轉嫁到他人的身上。就算能紓發當時的憤怒，但是自己也會遭遇損失，這只是卑鄙小人做的事情。

有的人在不能壓抑自己的憤怒時，男性可能就會抽菸喝酒，女性可能就會歇斯底里的踢門摔碗。當然對象不是人，損害相對減少，但仍需收拾殘局。看似為當時的憤怒找到了渲洩口，可是問題並未獲得真正的解決。

勇敢的去面對你討厭的問題，把它當成自我考驗的機會，以自己的實力來取得加害者的心服口服，你覺得如何呢？

仇恨永遠不能化解仇恨，只有慈悲能化解仇恨，這是永恆的道理。

如果你想生活得幸福快樂，首先應該讓在你四周的人感到愉快喜悅；當對方感受到你的熱誠關懷時，一定會加倍地回報你。所以你應該盡量地喜愛更多的人，讓更多的人感受到你的關懷，那麼，你所得到的回報必能使你的生活幸福而快樂。

當一個人發覺被很多人喜愛時，一定能生活得快樂幸福。但是想要被很多人喜愛，首先就先得喜愛許多人。希望各位從現在起，嘗試去關懷身邊的每一個人，讓他們愉快高興，那麼，自己的生活就自然而然會變得更加幸福快樂了。

67. 四無量心

所謂「四無量心」，是指慈、悲、喜、捨這四種無量心。所謂「無量」，是指多得無法測量的量，也就是無限。

慈、悲、喜、捨這四個字，經常會以「慈悲心」「喜捨心」的方式來使用。

①慈無量心——對眾人產生深切的友愛心。

②悲無量心——對眾人的苦產生共感之心。

③喜無量心——對眾人的幸福感到喜悅的心。

④捨無量心——捨去一切執著的心。

對一般人來說，不管是那一種心，要實行起來都非常困難。對於這點，想必各位都有同感。但是，如果因為認為不可能實現而自一開始就放棄，那就不具有成為佛教徒的資格了。

不可能實現，才是宗教的目標。如果能夠實現，那就是道德努力的目標了。

在四無量心中，那一個最困難呢？我個人認為是③「喜無量心」。

對他人的悲傷。我們很容易感到同情；而對他人的幸福，卻很難由衷地感到喜悅。

以和要好的朋友一起參加考試為例。好朋友考上了，而你卻名落孫山。這時，你真的能夠因朋友的喜悅而喜悅嗎？不，你一定會大發「牢騷」或滿心「嫉妒」。「要擁有堅定的信念」「不要在意他人」，儘管你不斷地這麼告訴自己，但是心中的憂鬱卻始終揮之不去。

當兩個人分擔悲傷時，悲傷就會減半；而當兩個人分享喜悅時，喜悅卻會增為兩倍，一定要實際體驗到這一點才行。而「喜無量心」就是進行這種體驗。

「嫉妒」這二個字是女字部，很容易令人誤以為是女性專利。事實上並非如此，這是人類共通的心理。以前就曾說過：「鄰家建倉庫，看了就生氣。」看到別人好過自己，自己又辦不到，就會產生嫉妒之心。

因為人類具有一種自己與他人之間要求基本同質性的本能，而這種本能就成為與周圍眾人的一種暗地裡的競爭心。自己必須凌駕於對方之上，若不能和對方於同等地位以上，就不能感到滿足。

因此，如果自己凌駕於對方之上，內心就會產生優越感而暗自竊笑。不是擁有自我表現慾的人，可能會儘量隱藏，不讓他人嫉妒自己。相反的，如果對方成就高於自己，可能會當面讚美對方，內心裡卻不是滋味，甚至想要踢掉對方，看對方失敗痛苦的樣子，才能一掃心中的陰霾。尤其是對方用不正當的手段而超越自己時，不單只是嫉妒心，甚至會產生反感。

俗諺說：「突出一點點的釘子，可以打得進去，突出太多的釘子就打不進去了。」嫉妒和反感會發生在對方與自己的實力只在伯仲之間時。如果對方實力與自己差距太大，自己趕不上時，就不會對對方有嫉妒之心了。

在運動方面，如果出現了明顯的實力差，即使自己拼命努力，也無法趕上對方時，當然就不會對對方有任何的妒意或反感了。

由此可知，嫉妒和反感在人際關係上是無可避免的重要課題，而自己如果超越他人太多時，也必須注意到這一點。

不論古今中外，對於比自己成功，或是運氣比自己好的人，都會產生一種嫉妒心。十五世紀義大利的思想家馬佳威里在《政略論》中也談及：「人類由於心中的嫉妒心，因而不喜歡褒，喜歡貶。」

嫉妒，是難於踢開的絆腳石。現代人的嫉妒心，已由與自己有直接關係的個人，轉向不特定多數的成功者、企業團體及國家。

例如，對於錢賺得比自己多的，奢侈幸運的個人或公司、國家，得不到者就會叫「不公平」。認為他們是藉著「違法」或「不正當」的手段而得到的幸運。

因為嫉妒而主張「要彈劾他們」，甚至靠著正統競爭而獲勝的成功者或有錢人，全都應加以「彈劾」。似乎不把他們一起拉下來，使他們和所有競爭失敗者、貧窮者處於同等地位，就不願善罷甘休。

這種毫無意義的努力或競爭造成的惡平等主義，無法得到個人或社會的進步。當然如果是因為「違法」或「不正當」手段和行為而得到成功，是應該要得到彈劾。

只要是憑著自身的努力，基於正當的規則，公平的競爭而得到的勝利，決不能再加以責難。如果在這樣的情況下輸了，不但不能嫉妒對方，反而該責怪自己能力不夠。

有意義的競爭對進步發展而言是不可或缺的，如果所有的企業團體都能夠提供消費者更好、更便宜的製品，並不是壞事。

此外，政治家、研究者、運動選手或學生能夠發揮超出對手以上的實力，在競爭中獲勝，只要他的手段是正當的，那當然是好事。

「一念放下，萬般自在。」在這一點上，我們對於表現好的對手也應坦然接受，要真心佩服他優秀的研究成果，想到「自己似乎辦不到」，同時要鼓勵自己以對方為榜樣，努力前進。

在競爭中失敗，是因為自己平常的努力和實力不夠所致，不要因此嫉妒對方，必須要擁有同仇敵愾之心，希望能夠達到對方的實力。像這樣勝利者與失敗者互相切磋琢磨、攜手合作，才能提升雙方的進步發展，進而對社會有所貢獻，這也是我們應盡的責任。

第三章　正定的人生

「正定」，八正道之一。指以正智入於無漏清淨的禪定。

68. 適可而止

愛馬遜（Emerson）說：「偉大、高貴人物的最明顯標誌，就是他的堅韌意志，不管環境變化到何種地步，他的初衷與希望，仍不會有絲毫的改變，而終至克服阻礙，以達到所企望的目的。」

年輕人之勞力勞心，卻欲置其事業於鬆散不穩的基礎上，而不置之於信義、正直的磐石中，豈不是愚不可及？

除了誠信，世界上別無可靠的東西，有不少人，因為拋棄了誠信，而終至失敗。在牢獄中，就充滿了那些想以誠信之外的方法，來冀求得便宜的人們。

成功的關鍵在正直、公平、誠實、信義，離開了這些原則，必不能得到真正的成功。

每個人都應覺得，在自己的生命中，充滿著寶貴的人格，這個人格，非富貴所能淫，貧賤所能移，威武所能屈；這個人格，為任何代價所不能購得；甚至在必要時，寧可犧牲了自己的生命，以成全此人格。

很久很久以前，某一個地方住著一個名叫「與表」的單身漢。

有一天，這個青年在菜園中發現一隻中箭受傷而瀕臨死亡的鶴，他覺得牠好可憐，於是便將牠帶回家照顧，終於救回一命。這隻感恩的鶴離開之後，不久又變成美麗的女性回來找青年，並成為他的妻子。

為了對丈夫報恩，接下來的每一天都犧牲奉獻，自己紡紗編織成美麗的衣服給丈夫穿，青年也沈浸於幸福中。

一直到妻子所編織的布在市場賣得高價後，青年便要求妻子編織很多衣服。妻子則和丈夫約定在自己編織時絕對不要偷看房間裡的情形。在這個沒有人看見的房間裡，她就變成鶴，忍受疼痛，拔下自己美麗的羽毛，拚命地編織衣服。

不知道實情的丈夫，又要求她要編織很多衣服。於是妻子一天天地衰弱了。

有一天，青年破壞約定，偷看妻子編織的情形，卻發現自己的妻子變成失去羽毛的鶴，鮮血淋漓地編織衣服。

發覺自己被發現的鶴，很悲傷地振翅朝天空飛去，離開了丈夫。

這是日本劇作家木下順二的作口《夕鶴》中著名的「仙鶴報恩」的故事大意。故事本身是杜撰的，但其內容卻發人深省。

也就是說，人類具有無窮盡的慾望，就好像我國的經濟在眾人努力之下，有了一點成績，就開始無限制的擴充設備和提高生產。可是其結果是泡沫經濟瓦解，使得幸福的青鳥逃走，自己走向毀滅的命運。

在慾望的撥弄下，酷使身體，不斷擴大工作領域及量，最後必將有悲慘的下場。因此，我們必須要有所分寸，不逾矩。

我們的慾望若放任不管，就會無限制的擴大，等到了無法收拾的地步才會開始覺悟自己的過錯。但是，若常壓抑所有的慾望，就好像一直踩著煞車，讓車子無法動彈。

以前的人說要「吃八分飽」，即使再喜歡吃的東西，「好好吃哦！好想再吃一點」，也必須適可而止，才能增加以後的飲食樂趣。如果無法壓抑自己的食慾而想「再吃一點、再吃一點」，恐怕會變得太胖或是吃壞肚子。任何事情過猶不及，不要勉強，一定要「適可而止」。

69. 趙州洗缽

有一次，一名和尚詢問趙州和尚：「師父，我乍入叢林（剛進入禪道場），能否請你告訴我什麼是禪？」

趙州反問對方：「早餐吃了沒？」

和尚回答：「是的，吃過了。」

這時趙州和尚又說：「那就趕緊去洗缽吧！」

和尚一聽這話，立刻就領悟了。

在前面這段故事中，自稱「乍入叢林」的是一位新修行僧。所謂乍入，指的是才剛進入的意思。至於叢林，則是指修行僧的聚集處。把修行僧比做樹木，那麼寺院就是林。之所以把修行僧比喻為樹木，自然有其道理存在。因為，樹木必須沐浴在陽光底下才能成長，如果樹木偷懶，成長速度可能就會延遲一天。而這一天，將會對日後造成很大的變化。

以往大家都一樣地曬太陽，但是當成長延遲時，日照時間就會稍稍減少。日照時間減少以後，成長的速度又會減慢，形成一種惡性循環。因此，哪怕只是慢了一天，也不能掉以輕心。而以叢林為例，主要是在警戒修行僧們。

在叢林中主要是進行什麼樣的修行呢？大家首先會想到坐禪。然而趙州卻說是吃飯、洗缽。他想說的究竟是什麼呢？他的用意在於表明禪並沒有特別之處，而是存在於日常生活之中，要求要做好日常生活中該做的事情。

不要光是往上看，應該先做好眼前要做的事，這就是「洗缽」的真諦。

通常我們在遇到難關時都會說：「這事我辦不到」，不努力就放棄了。但是，當你什麼都不做的在那兒感嘆「我做不到」之時，好運就會遠離你。

在遇到難關時，到底該怎麼做才好呢？當然必須要突破難關。當你遇到困難時，如果下定決心要突破，你就會朝著這個目的，集中思想、運用各種手段、集結所有的力量來破除難關。

突破難關，改變命運時，首先就要面對難關挑戰，去除障礙，才能撥雲見日。

宇宙中有著許多我們肉眼看不到的生命作用，而且具有法則性。

西方心理學家雨果將其命名為「集合的無意識」。而最近的生命科學則將其稱為「資訊源」。接觸這個生命的功能，如果具備與其合而為一的條件，自然就能消除難關，達成願望。

所以，通常以一般常識而言認為不可能辦到的事情，都會變成可能，我們將其稱為「奇蹟」，或是「幸運」。但這絕對不是偶然的巧合，是理所當然的事情。與生命功能不一致的努力，只是「徒勞無功」。

秉持正確的想法，面對目標，靠自己的努力前進，就能接觸「生命的功能」。這時就能與自己的努力感應，成就願望的命運之神就會對你微笑了。

該做的事不做，盡是發牢騷「辦不到，辦不到」，是不對的，應該說「我辦得到」，在這種暗示之下，一定能得到好結果。我們不是「做不到」，而是「不做」。

天堂裡從來就沒有什麼幸運的事情；花草的種子先要穿越沉重的泥土才能在陽光下發芽；小鳥要跌落、失去了無數羽毛才錘煉出凌空的翅膀；佛祖也曾經在地獄中走了長路，掙扎得最艱難的人。

70. 享受人生

現在的醫學，仍然不太重視病人的心理問題。一切醫療技術，主要是根據動物學的理論，從人體的生理解剖上從事研究；對於病人的精神問題。幾乎毫不考慮。但若就每個人的精神面來觀察病情，根據其生長背景，與現在的心理狀態，將發現有極大的差異。而想將這些差異仔細分類，予以系統化的研究，實屬艱難。

再說，根據精神分析，為病人解決心理煩惱的治療法，就現今情況而言，也幾乎不可能做到。因為現在的治療方式，只要花三兩分鐘，敲敲病人的胸部，摸摸病人的胃部，就算診察完畢，可以立即注射或配藥，而每天至少可處理五十到一百個病例。如果換個方式治療，一位病人至少花一、二小時為他解決心理問題，那麼醫院真的是要關門大吉了！這可以說是目前精神治療法尚難普及的最大原因。

另一方面，病人本身也往往不願讓人窺知其心中的秘密與苦惱，此乃人之常情。因為誰都不願意一再挖掘自己心上的創傷，而就醫的目的，只不過在接受肉體上的治療罷了！同時，一般人的觀念也是認為醫生只能治療肉體上的疾病，並不能治療人的心病。如此，醫生與病人雙方面都輕忽了疾病的根源——「心」的問題。事實上，精神與肉體猶如一件事物的表裏二面，有著不可分的關係，但是目前的西醫療法卻將二者完全分開，難怪有其缺失處。

各位讀者每天透過大眾傳播媒體，會看到一些長生健康法的節目或報導。如果能夠忠實實行這一些方法，也許能比他人更長生、更健康，但是一般大眾都是三分鐘熱度，漸漸地懶得去實行，使得宿疾再發，必須要接受醫師的照顧，像這類的人非常多，也許是因為要一一實行，恐怕身體和時間都不夠用吧！

即使現在很健康，也要抱持一病息災的心態，隨時注意自己的健康，過著正確的飲食生活及做適當運動。儘管如此，還是有人會有突發的疾病出現，身體變調。不管平常的養生之道是好是壞，總是會罹患疾病。

的確，對於任何人而言，戒菸、戒酒、忍著不吃太鹹或太甜的食物、注意運動等，都對健康很好，但是，如果要一一注意這些事情，想做的事情也不能做，就算能夠長生，對自己而言真的是一種幸福嗎？這是值得深思的問題。

某人對於老死有以下的漫想。

當醫師對某個老人說：「你罹患了癌症。」他忽然就喪失了元氣，令妻子感到很擔心，於是想請天主教神父來勸告他，請他抱持死亡的覺悟之心來度過餘生。神父對老人訴說永遠的生命道理，要他做好心理準備，結果老人反而非常沮喪，變得更為衰弱。

感到困擾的妻子便請來相熟的禪僧，禪僧坐在病人的枕邊對他說：「啊！生和死其實是同樣的事，盡量喝酒、盡量吃愛吃的食物吧！」於是開始了愉快的酒宴，病人也非常快樂，能夠傾聽和尚所說的話，結果活的比醫生所想的還久，而且死去時非常安詳。

境來不拒，境去不留，一切隨緣，能得自在，放下即可解脫。

對我們而言，並不是能活多久（當然長生也不錯），而是自己的一生應該好好的活，好好的死去。即使能活得很久，但是在生前卻留下「這也想做，那也想做，但是卻什麼也不能做」的悔恨，遺憾地到另一個世界去，這是否真的是幸福，頗讓人懷疑。

71. 心不可得

當我們朝著目的做準備，付諸實行時，往往會急躁的想要知道結果，會省略中途的順序或勞力，希望趕緊得到好的結果。但通常會半途而廢或遭遇失敗，這就是所謂的欲速則不達。

例如，學生忙著準備考試、做作業，因為來不及，就會抄寫他人的東西。當然，結果也得到好的分數，但對他本人而言，卻沒有得到真正的實力。

台灣九二一大地震，有許多偷工減料的建築物遭到損毀。俗諺說「欲速則不達」，任何工作的好壞都與其付出的能量成正比，內容到最後總是會凸顯出來。

捷克作家法蘭茲卡夫卡曾留下以下的箴言：

「人類所有的過錯都在於焦躁，因急於知道事情的結果，而放棄了周到，表現出焦躁的一面。」

過去的歷史教訓告訴了我們，上至國家，下至個人，因為「焦躁」使我們陷入不幸的深淵中。如果我們能夠「沈著」、「冷靜」與「果斷」，就不會重蹈覆轍，不會因為焦躁而呼吸混亂、判斷力遲鈍，不會做出勒緊自己脖子的事情。所以，我們一定要牢記「不焦躁」。

美國文化人類學者佛羅倫斯克拉克宏博士，回顧人類發展的歷史，認為當初人類是以向自然屈服的形態，慢慢的演進。隨著時代的進步，湧現與自然調和的智慧。又隨著科技的發展，開始征服自然。在走到了這個地步之後，隨著人口不斷的增加，造成資源的枯竭，以及公害造成了自然的破壞，使得很多有見地的人認為，再這樣下去，在不久的將來，人類將會從地球上滅亡。

畫家畢卡索說：「人類沒有辦法與自然刀刃相向，自然比最強的人類更強。」日本的物理學家長岡半太郎也說：「自然不露人情，想要與自然對抗，它會毫不留情的把你一腳踢開，遵從它的人，才能夠享受它的恩惠。」

就算我們自豪非常的偉大，可是在自然之下，如果自己的所有物，例如一根小指頭被切斷時，我們都會哇哇大叫，而且無法靠自己的意志止血，是脆弱的存在。

人類在自然的偉大功能當中與其它生物同樣的生存，如果不依循它的法則，就無法活一天。因此，我們必須要讓自己的身心與自然法則配合，遵照這個原則，重視自己的生命，充分加以活用。

《金剛經》說：「應無所住而生其心。」

「住」是表示心停留在一個地方，也就是心被吸引產生執著的意思。執著心就是會讓人產生迷惑的根本原因。

心要動時就要讓它動，不停留在任何地方，這就是「無所住」。如此才能隨機應變，也能處理任何事情。

人心是最容易改變的。昨天還在為逝去的舊愛而悲傷，今天卻已在為新歡而喜悅了。然而，心雖變化無常卻不是壞事，所以這是無關緊要的。有時生氣、有時悲傷、有時快樂，這就是人心。

事實上，心是會變幻自在的變化，所以人才能生存。心本身並不屬於喜、怒、哀、樂的任何一種心，因為不屬於任何一種心，所以才會有時快樂、有時傷心。不是任何的心才是人真正的心，這種心在《金剛經》中叫做「應無所住而生其心」。

達摩大師把這種心叫做「心不可得」。

72. 享餘韻之樂

記載釋尊臨終時所說的話的《佛遺教經》中，寫著有佛道修行者要遵守的八個德目。

這八個德目叫做「八大人覺」（大人，修行者也），知足也是其中一項。

「知足」是要了解自己的身份並滿足，在《佛遺教經》中也記載：「知足的人雖窮困，心卻是寬容、安靜的；不知足的人雖然富裕，心卻是貪慾的，所以經常處於不安定的狀態中。知足者與不知足者相比較，知足者確實是富樂安穩的。」

知足表面的意思是，知道自己身份的人，心經常是安穩的。但是，在物質的世界來看，不一定因為知足，即當做人生一切的基礎。

假使為了小分而滿足，就不會進步。尤其修行者，更應步步前進，不以省悟為自滿。亦即不要對小分滿足，即使省悟了，也應要放棄這種連續，必須向著無限的目標前進。

如果只是知足，認為到這個程度就可以的這種想法，叫做二乘外道，這是被佛教所排斥的。表示不可以被省悟的世界拘束了，而停滯在一個點上。

有了目標就會產生慾望，會無限的追求物質，這種情形也會被物質所拘束，所以，「知足」即是在物心二面，雖是省悟的世界，皆不可被拘束，也不可執著。

現今國內是一個科學、技術發達的社會，生活處處講求效率化、合理化，當然，我們的物質與精神也深受其惠。但相反地，生活的本身卻缺乏了餘地和遊樂，所有的事物全都以金錢和物質來衡量，人生變得毫無意義。

以前，國人的生活相當不自由、不方便，沒有辦法立刻得到自己想要的東西，所以，如果能吃一頓大餐，或者是參加節慶，就會覺得是一大恩澤。可是現在的物質非常豐富，只要有錢就能買到任何東西，因此對於物品很難有感謝之心。

資訊氾濫，不需要自己動手，也能得到盡善盡美的服務，因此，得到資訊時的感動也淡薄了。

以往，男女談戀愛是秘密的事，情侶間會寫情書，互訴衷曲，好不容易見個面，也會覺得非常興奮。現在只要打個電話就能約會，而且在大家的面前做出一些親暱的舉動。像電視和雜誌也報導著名女演員為了挽救頹勢，不惜犧牲色相，難道這真的就是一種文化嗎？

追求完美的科學精神，對於社會生活而言是必要的。但是，人生或藝術的世界，在達到完美的同時，卻喪失了更多的希望和努力，而使活動停滯，無法展現創造性和進步。品嚐人類的喜悅、悲傷，以及藝術活動，都不是靠金錢、文字等物質的價值可以衡量的，就算世界有這一類假設，也只是權宜之計，並非內容本身。

但是，我們卻在不知不覺中用物質來衡量一切。證據就是會在街頭巷尾中說「金錢是人生的一切」，甚至為了幾萬元而搶劫、殺人，毀了自己的一生。

即使是在物質豐饒的社會裡，不知道滿足的慾望會驅使我們每天忙碌地追逐名譽及利益。雖然這些對於我們的生活而言是必要條件，但即使已經得到了一些地位、頭銜、財產，也不能說就此便過著幸福的人生。

某作家曾經說過：「比賽的結果，不管孰勝孰敗，只要比賽過就不錯了。不要認為一切在比賽後就結束了，而要靜靜地回想比賽的過程，慢慢體會比賽的意義，這就是所謂的殘心。」只有享受這種餘韻、餘情，才是真正人生的滋味。

73. 慎勿放逸

《普賢菩薩警眾偈》說：「是日已過，命亦隨滅，如少水魚，斯有何樂？大眾當勤精進，如救頭燃，但念無常，慎勿放逸。」

不論從事任何職業，或者再怎麼忙碌，只要找出工作的價值，完成工作，就算過貧窮的生活也會覺得幸福。

可是，現在的社會卻朝相反的方向運作。無論是人類或物質的價值，全都以金錢來換算，認為有金額的東西才有價值，擁有很多錢的人才是偉人，這就是所謂的拜金主義，光是用錢來衡量世界的價值。

以某方面而言，這是無可厚非的，像國家必須要徵稅以設定預算，這時就必須藉著各人所得來計算須付的金額，金錢只不過是單純方便的測量標準而已。問題在於整個社會呈現拜金主義的狀況，除了金錢以外，沒有任何測量價值的方法了。

拼命努力工作賺錢被認為是愚蠢的行為，必須是簽大樂透或是六合彩、賭博等不工作而得到大筆金錢，才是正確的作法。因此，勤勞的精神淡薄，失去工作的意義，甚至也失去生存的意義。

其實，今後的社會必須要滿足安定、安全、安心這三個「安」才行。

安定就是經濟上過著安定的生活，而且擁有充足的保險和社會福利制度，以避免老年期的生活不安。

安全就是健康，直到生命終結為止，都不會因意外事故而使身體受到傷害，而能努力活著的社會。

安心就是精神的安詳，否則前二者都沒有「安」的意義。能夠得到安心，才能擁有前二者的安。

很慶幸的是，目前這三者的確備受矚目。所謂的老後問題、健康旋風、宗教旋風等，這些現象可說是眾人想要得到三種「安」的心靈表現。

因此必須要「不受束縛」，不要受金錢、物質的束縛，脫離這些狀態，才能了解自己為什麼而工作。

有人比喻台灣人好像「工蜂」一樣，不過最近無論是公、民營機構都努力地想要縮短勞動時間，公共機關或產業界有很多部門實施週休二日制，看來今後還會持續增加休息的機會。但這樣就是好的表現嗎？對上班族而言，想利用休假日到政府機構或金融機構辦理各種手續，卻沒有辦法，在家中為了幫家人服務而不得不外出，增加了花費，反而因此感到疲倦的人並不少。

休假時的心情，與歐美各國等社會資本充實，能夠完全享受休假的生活不同，即使想仿效歐美縮短勞動時間，反而造成生活的不便，那麼到底為何休假，就不得而知了。

我羅斯作家高爾基在他的著作《底層》中就說：「如果工作是一種義務，那麼這個世界就是地獄，把工作視為快樂，這個世界才是極樂世界。」還說：「如果光靠工作量來決定價值，那麼馬就比人類更有價值。」

為了賺取薪水而勉強工作，就好像拖著馬車的馬一樣，賠上自己的身心，這難道算是真正的生存意義嗎？我們應把報酬放在其次，而將更好的勞動當作天職，享受工作的喜悅，這樣才能過著感受到生存意義的日子。

量力而行，恰到好處，當行則行，該止即止。

74. 順其自然

《盧山外集》說：「風狂螢墜草，雨驟鵲驚枝。」這是顯示刮強風螢火蟲掉落草叢裏；突然下雨驚起休憩在樹枝頭的鵲鳥的自然景色。

其中藏有省悟的妙景、無心的妙趣。

首先必須要將煩惱、妄想等統統放棄，才能獲得省悟。若把一切放棄，即能開始看到一切的東西，也會認為一切自然的狀態即可，這就是真正省悟的境界。

我們經常聽到一些宗教家、教育家的說教，但是若按照他們的說法改善，真能成為善人嗎？這令人感到懷疑。也許一開始就吐露軟弱心聲的人，沒有向他人說教的資格，或即使是說了也無效。

可是很多指導者卻忽略對方的性格，想要改造他人。事實上，對方大都也沒有辦法符合他的期待，縱使熱心的勸說，對方可能會畏縮，甚至產生反感。

為什麼會是這種情形呢？就像俗諺說「三歲兒知百歲魂」一樣，對方以往的素質、氣質、社會和家庭環境等的影響，使得對方接受現在的命運。即使藉著暫時的教誨或教育，也無法突然改變對方的性格。所以，並非放任不管即可。總之，如果對方沒有幹勁，也不要一味的想改變他。

親鸞上人有一次問弟子唯圓：「我說的話，你都願意聽嗎？」

弟子答道：「是的。」

上人又說：「我要你去殺千人，如果你能做到，定能達到極樂往生。」

但是唯圓卻說：「沒辦法，我連一人都下不了手。」

親鸞上人說：「是嗎？」

然後他又說道：「你無法殺人，並不是因為你善良，而是你沒有殺人的緣。」

宗教家或教育家總是勸人為善，但即使是宗教家或教育家，也有偽善者出現。雖然世人認為宗教家是善人，但他們也並非一開始就是善人或惡人，如果有緣，他們也會成為大逆不道的人。

所以人類既非性本善，也非性本惡，與職業或學歷也無關，完全在於緣。每個人只要有緣，也可能會殺人，絕對不能掉以輕心。

佛教認為這世間一切的存在與現象，都是由直接的原因和給與的條件（緣）所造成的。在原始佛教《相應部經典》中就說：「因為有這才有那，這個生時那個生，這個滅時那個滅。」

例如，在這有一個人（原因），而此人與偶爾相遇的對象之間產生了愛、憎之念。感到憎恨時，對對方就會抱持著殺意，甚至動手或揮舞凶器（條件），殺害對方成為殺人者。也就是說「不播種就不結子」一樣，沒有原因就沒有結果，這個宇宙的法則是不變的。

不管你是否相信這種自作自受的因果法則，它卻隨時隨地的作用在每個人身上，無人能夠逃脫。因此，如果你不想成為殺人者，就不要動手毆打對方或揮舞凶器。

累積了各種原因和條件，就會產生好壞的結果，所以平常就應該注意，不要種下惡因，產生惡果。我們的心態和周圍的條件，會使我們成為善人或惡人。

因小果大，莫以惡小而為之，莫以善小而不為。不要放過可以幫助人的機會，可能這些機會令你有意想不到的轉變。

75. 展現信心

《五苦章句經》說：「心取地獄，心取餓鬼，心取畜生，心取天人。」一個心念左右你的成敗、好壞；機會的有無，也全部在你自己。

朋友！你的思想可以影響你的事實到什麼程度，你能知道嗎？

「信心」有的時候可以移動山嶽，但也有時候竟不能跨越過一個小小的土堆；你相信嗎？

我們常常因為思慮過甚而將煩惱加深，這好像是把小小的土堆化成了山嶽；不過，假使我們能用一種寬懷的態度，也就能減少阻礙，即使不能把山嶽一下子化得像小土堆那麼的小，至少也可化為可以跳過的煤堆。

思想的能力全繫於去做或不做，然而同時也還有相當的一定界限。假使對於一件絕對不可能的事，卻去抱定一種麻醉的快樂、希望和決心，來哄騙你自己，這種緣木求魚之舉，豈不是太愚蠢了嗎？

你千萬不可以把眼光看得太小，以為世界上的事情「不過如此」；要是你真以為是如此，你就會中了「樂天安命主義」的毒，再也不會去「奮鬥」了！

福洛特曾經指出：「這便是神經和心理不安適的起源！」

即使我們一直說「這個我辦得到，那個我辦得到」，也要對方了解才行，如果對方不了解，無疑是畫餅充飢，無法發揮作用。若只想靠口頭上的巧妙言辭博取信賴，萬一對方想看你的實績，你卻拿不出來，或者是你的實績不符合對方的期待，對方當然就會很失望。

騙人的人不對，還是被騙的人不對？恐怕雙方都有錯吧！一開始就不該只聽別人的片面之詞而相信、期待他人的表現，所以根本不要生氣，只能說是自己愚笨。一開始並不知道對方是否是值得信賴的人，對於他的話你可以暫時接受，但如果一次又一次的被相同的人欺騙，相信你不可能會再信賴他了。

為了避免雙方產生這種不信任感，因此我們一定要負責任，要努力符合對方的期待，這才是人類該做的事。

不要向對方炫耀自己的實力，即使展現實力很重要，但也應該讓對方來做評價。

即使自己有些實力，而卻一直說「我是有實力的」或說「我是好人」，恐怕對方也不見得能了解。

若把人生比做沙漠，在人生沙漠上，擁有一顆照亮前進方向的北極星是何等重要。

昔日德國著名的哲學家菲西提在默默無名時，有一天到坎尼斯堡去拜訪康德，受到對方的輕視，於是他發憤圖強寫下論文『啟示批判論』，當成介紹信送到康德的手邊。康德閱讀之後非常佩服他，趕緊非常有禮地招待菲西提，從此之後菲西提也嶄露頭角了。

類似的事情時有所聞，在默默無聞時自己的實力不為人所知或被埋沒，若是因某些因素，實力受到肯定，就可以展現偉大的業績了。但相反地，有些人雖然成名了，卻無法維持實力，徒留虛名，不禁令人啞然失笑。

所以，沒有助益的話說得再多，也只是一種宣傳，如果被騙就表示自己沒有識人之明。相信只要有實力就能得到好評價的時代必會來臨。

76. 啐啄同時

雛鳥從蛋中破殼而出的瞬間，由內側把殼戳破的動作稱為「啐」，母鳥從外側戳殼稱為「啄」。如果雙方不能配合時機採取行動，雛鳥就會死去。「啐啄同時」所表現的，正是這種不可思議的自然現象。也稱為「啐啄迅機」。

在禪的世界裡，這是用來表示師父與弟子之間，傳授、承續佛法的重要話語。以杯中的水為例。由師父傳給弟子的佛法，就是「一器的水移到另一器中」。如果弟子的器太小，水（佛法）就會溢出。反之，器太大時則嫌不足。因此，時機的掌握必須恰到好處。

師父領悟的力量與弟子領悟的力量，必須旗鼓相當。如果雛鳥的力量不夠，那麼母鳥一啄將會導致雛鳥喪命。反之，母鳥啄的力量不夠，雛鳥也一樣性命難保。

這個問題的關鍵在於，時機掌握一旦錯誤，雛鳥就會喪命。

站在弟子的立場，或許很難接受這種說法。但不論如何，這個道理是顛撲不破的。師父就是師父，弟子就是弟子，一旦立場混亂，就會出現如下的情形。

某個修行僧來到師父身邊，對師父說道：「領悟的時機成熟了，請為我啄殼，讓我破殼而出吧！」

師父則說：「可以啄殼嗎？你不顧自己的生命啦？」

弟子依然堅持己見：「假若身為弟子的我無法領悟，則身為師父的你也會受人嘲笑。」

師父聞言大喝：「不成熟的東西」一喝就是師父的「啄」。

師父的這一喝，乃是慈悲心的表現。

在我們必須工作的時候，也許會發牢騷說：「今天為什麼不再多休一天，明天再開始好了。」到了明天，工作可能再順延到下一個明天，等到期限將至時，才慌張的開始著手工作，事情做起來恐怕也就不輕鬆了。今天該做的事情沒有做，不斷的推託給以後，事後只會留下後悔，工作又沒有做好。

現在若不能把工作做到最好，總認為「隨時都能做好」，這種掉以輕心的態度，恐怕會在事後令你悔恨無比。

今日事若不能今日畢，總有著掉以輕心的態度，就算不會危及生命，恐怕結果也好不了。這是根據我們平常的經驗得知的事實。

棒球投手在比賽時，只要稍微掉以輕心，就可能投出四壞球，或是連連被對方擊出安打。

我們如果不能夠真心誠意的去做真正該做的事情，就沒有辦法成功。不論工作或學問，如果不認真，都無法得到好結果。

有人心中雖然想要做某些事，但一旦要付諸實際行動時，卻又經常三心二意。

考慮自己身體的健康問題，打算開始做慢跑運動，這是非常對的。既然是對的，那就應該馬上開始實行。

運動是如此，其他的事情也一樣，開始總是不嫌遲的。

英國的政治家波多韋恩說：「人之立志，永不嫌屬。」

要緊的是，一旦下定了決心，就應該有恆地持續努力下去。如果不能貫徹始終，則即使有再大、再好的志向，結果還是不會有一點用處的。

既然決定了，就一定要徹底地行動。

77. 專心一致

法國哲學家巴魯喀爾說：「不為人知的高尚行為，是最值得尊敬的行為。」我們的工作到底是為了誰，為什麼目的而做的呢？如果工作最終的目的，只是為了要求某種形式上的回報，那就不能說是「私底下的盡心盡力」。

和一些擅長用石頭、木頭製作佛像的高手談話，發現他們的技巧愈純熟，就愈能夠用石頭或木頭做出好的作品。據他們表示，自己只不過是按照石頭、木頭的吩咐動手而已。但我認為，那是這些行家從不同的角度對作品表示關心的緣故。

和長年抄經的人交談，經常會聽到一些有意義的話，例如「請讓我抄經」。這句話中，充滿了對今天一天能夠很有元氣地度過的感謝之心。初學者在抄經時，若是還存有功名心理，就會覺得自己是被迫抄寫，產生主客易位的感覺。

抄經的人是「一字三禮」，雕刻佛像的人則是「一刀三禮」。也就是說，在抄寫經文的用紙上每寫一字，就要禮拜三次；而在未完成的佛像每劃上一刀，也必須禮拜三次。

光用想像，就可以知道這是非常辛苦的修行。用長距離賽跑來比喻抄經或雕刻佛像，就好像朝著沒有目標的道路不斷前進一樣。但馬拉松或長距離賽跑，終究會有終點。能夠看到終點，就能夠進行速度的調整、分配，然而有志於抄經的人，終其一生都必須專注於這個工作。就好像走在看不見盡頭的道路一樣。當然，在這條路上也沒有所謂的勝者、敗者。

因為有了這條道路，所以，必須按照自己的步調努力前進。在努力前進的過程中，不知怎麼地就會產生一種「能平安無事地度過……請讓我繼續作下去」的感謝之心。

希望你也不斷地努力，擁有這種「……請讓我繼續作下去」的感謝之心吧！

在忙碌的社會中，任何事情都希望能節省時間和勞力。不論是工作或學習上，與其只從事一件事情，倒不如二、三件事情同時進行，較能提升效率。基於這個想法，因此一心兩用的「邊看邊做族」增加了。

仔細想想，草率工作的結果，無法在腦海中留下深刻的印象，且做得不好。若是可以馬虎的小事還不要緊，但如果是需要費心去做的事，就不能夠如此草率了。

我們頭腦的構造，無法同時考慮二件以上的事物，就算做了，也無法進入頭腦中。

根據最近大腦生理學的研究成果顯示，記憶要留在我們頭腦中，最少需要二十秒，而且要連續的將意識集中於記憶上。從眼睛或耳朵傳入的信息，送到頭腦中如網眼般遍佈的神經細胞，而某個部分增強神經細胞同志的結合，製造新的回路，這樣才能夠使得信息成為記憶，固定下來。

到固定為止的時間，需要花二十秒。所以，如果同時有二個以上的信息進入神經細胞時，就會產生拒絕現象，使回路混亂，記憶在固定之前就消失了。

不了解這種情形，一直將複製的信息經由同樣的回路，傳入人類的神經細胞，即是愚蠢的行為。

如果這是事實，那麼我們在忙碌時花不到二十秒鐘陸續輸入的各種信息，其結果將無法成為記憶而深印在腦海中。

如此一來，即使特意填塞進頭腦中的東西，也會變得無用，白忙一場。

78. 萬法一如

所謂「萬法一如」，就是告訴我們不要為表面的不同所惑，如果能從不同觀點來思考，就會發現他人與自己其實是同根生。自己與他人的差別，只是表面上不同而已。

以文字處理為例，使用文字處理機器時，問題不在於能否很有技巧地操作，或者是否因不熟悉操作技巧而放棄。因為寫作文章的是我們自己。

放在眼前的便利機器，往往會讓人產生錯覺，以為是靠文字處理機寫文章。能不能使用文字處理機這兩種對立的意見，只不過是在狹窄道路兩側的左或右而已。將視野擴展到整個宇宙時，它們就既不是右也不是左了。人們一味地爭論不休，卻忘了探查原點。

許多上班族為了學會操作文字處理機，甚至連腸胃都搞壞了。的確，如果不知道如何使用這種便利的機器，恐怕反而會被機器搞昏了頭。但是你也別忘了，機器是經由人類的操作才能發揮作用的。

線如果纏在一起，不要慌張，要按照纏繞的順序依序找到線頭，耐心的解開。若不按照順序，急急忙忙的想解開，恐怕會越纏越緊，更加解不開。

同樣的，在日常生活當中，看似很難解決的問題，也要仔細思索其原因和方法，按照每項順序一一解開，就能輕易的解決問題。

任何事物都有其順序，只要由一至二、由二至三，循序漸進，自然就能達成。如果從一跳到五、回到二、然後到四、再退回到三的，當然就非常的複雜了。

那麼，該怎麼做才能夠按照順序前進呢？當然必須依個人平常經驗和良知來培養，在逐漸複雜化的日常生活當中，什麼是優先考慮的事項，需要做出決斷來，要節省時間和勞力的浪費，進行有效適當的處置，才能展現實績。

現代人總是會做一些繁雜的瑣事，真正重要的本質和必要事項卻忽略了。因此，要培養英明叡智，知道自己到底該做些什麼，否則只是白忙一場。

在建造建築物之時，施工者在工程開始時，一定要將工程表通知承包的業者，而且要聚集建材和人才，到了約定的時刻，工程必須結束。從開工破土到落成為止的順序，要一一「安排」。可是有時候沒有辦法按照計畫進行，工期可能比預定的拖得更久，或是超出預算而受到抱怨。這種「安排」，在我們日常生活中是不可或缺的，如果做得不好，事情可能就進展得不順利。

戰勝一切困難和障礙，只有一條路，就是堅決和奮鬥到底，堅決是成功之母，有堅決意志的人，誰都會對他信任。有決心的人，別人才願意幫助他。做事沒有堅決意志，無精打彩，主意舉棋不定，這樣的人，將永遠得不到別人的助力，別人的好感，因為這樣的人，誰都知道他是不可能成功的。

社會上的失敗者，大多數不是由於他們沒有能力，沒有誠意，沒有希望，而在於沒有堅決的意志。這樣的人，做事有頭無尾，永遠懷疑自己是否有成功的可能，決定不下究竟幹那一件可以獲得勝利。他們有時候對於目前的地位覺得滿意，但是一聽別人的慫恿，卻又感到過於卑下。這種人無論幹那一種事，總是失敗，連他們自己也沒有把握是否能夠成功。

假如你不抱定宗旨，你永遠沒有成功的一天。一個有決心，而不會搖動的人，無形中給人家一種保證，表示他所做的事，能夠負責，可以得著成功。

79. 以心傳心

正如俗諺「百聞不如一見」所言。要用言語來說明一件事物是很困難的。不只是事物如此，要把自己的心情給他人知道也一樣困難。即使是要對心愛之人做愛的告白，也令人感到苦惱。

有時就算用了百萬言，也未必能讓對方瞭解你真正的意思。反之，有時一個小動作或短短幾句話，就能充分表達出彼此的心意。

在平淡的細節中，隱藏著最浪漫的情愫。各位只要看看關係親密的夫妻之間的對話，就能明白「以心傳心」是什麼意思了。

當丈夫「喂」一聲時，妻子立刻就端出茶來。而當丈夫再「喂」一聲時，又趕緊遞上報紙。換作是別人，根本不知道丈夫的「喂」代表什麼，然而做妻子的卻能準確無誤地演出丈夫的心思。詢問做妻子的為什麼會瞭解時，她卻微笑不語。當然，如果沒有深厚的愛意，是絕對無法辦到的。

禪道中師父和弟子的關係，就好像感情濃厚的夫妻一樣，師父只要「喂」一聲，弟子立刻就能明白其心意。

所謂「以心傳心」，就是把自己心裡的想法傳達到他人心中。換言之，當師父說「喂」的時候。弟子只要回答「是」就可以了。

無法用言語表現出來的地方（心），在禪的世界裡師父與弟子脈脈相傳。

如果想要培養出如老夫老妻那樣的絕佳默契，就必須每天不斷地努力。一旦忘了精進，便無法達到「以心傳心」的境界

有句話說「眼睛比嘴巴還會說話」。的確，累積人生的經驗之後，光看對方的眼睛，就知道對方想什麼、想說什麼，而能了解他的心情。

根據一般的說法，名醫不僅是擁有優良醫術能治療患者疾病，而且能使患者安心，因此，必須是能夠充分了解及支持患者心理的人。也就是說，名醫是患者培養出來的。

某位女性藥劑師在動卵巢囊瘤手術時曾經說：

「我覺得在麻醉之後，自己就進入一個不管發生任何事情都無法顧及的世界。

把自己的生命交給醫生這個陌生人，所以要慎重的選擇醫生。重點只有一個，那就是當醫生為你剖開肚子時，你把一切都交給他去做，就算這是進行人體實驗，也要佯裝不知。」

患者要尋求值得信賴的醫生，而醫生也要了解患者的心情，配合患者的期待。

醫生在執行手術時，一定會有老練的護士在旁，將手術用具遞給他。她必須在進行六、七個小時的手術中，隨時正確、迅速的將醫生所需的工具交給他。

有人問她為什麼能工作至如此恰如其分，她回答說：「在手術中，我只看執刀醫師的手，想要剪刀時，手就會做出剪刀的樣子，而想要鉗子時，手就會做出鉗子的樣子。我忠實地掌握這一切，並將工具交給醫師。」

這就是手比嘴更會說話的證明。若雙方心意互通，即使默默無語，也能互相感應並進入一個雙方都滿意的境界，這樣的境界，不需要任何的言語或形態，只要運用直覺就能了解對方的想法，互通心意。

累積人生的經驗，就能夠以心傳心的方式，對於對方的態度或話語一目了然，立刻就可以知道這個人是「認真的人」或是彆扭的傢伙。

80. 冷靜觀察

出生於中國隋朝的天台智顗，認為了解事物的實態必須採用「名、體、宗、用、教」五種看法，稱為五重玄義。

所謂的「名」就是形式，「體」是內容，「宗」是機能，「用」是結果，「教」是意義。掌握這五種看法，就能瞭解事物。

例如，要知道汽車交通工具的實態，首先必須知道車名、年分、廠牌名；然後瞭解內部引擎等的構造，又具有何種用途；知道其載重量和最高速度，能夠發揮何種作用，對周圍環境會造成何種影響等，都瞭解之後才能夠了解汽車的實態。

要擁有這五種看法，必須先有五眼，這就是佛教所說的「肉眼、天眼、慧眼、法眼、佛眼」。

「肉眼」就是常人的眼，可以直接觀察形的眼；「天眼」是知道內容的眼；「慧眼」是知道其功能的眼；「法眼」是瞭解與整體關係及其意義的眼，「佛眼」

是超越自他，由佛的立場來看的眼。

我們若不能採取這些看法，就不能夠瞭解真正的時態。但是，通常我們只因為形態表面的看法而感到滿足，不能深入瞭解其內容或意義，因此，必須要仔細的觀察人或對象物。

唐朝有位道林和尚的禪僧。這和尚有點奇怪，居然住在寺裡的松樹上。和尚的怪異作風，立刻成為附近居民談論的對象，甚至連著名詩人白樂天也來拜訪他。看到在高高的樹枝上坐禪的道林和尚時，白樂天不禁驚呼：「啊，危險！」和尚一聽這話，立刻回道：「你才危險呢！」白樂天說：「我站在地面上一點都不危險啊！」和尚看看他：「不能領悟生命的無常，才是真正危險的事情。」

這番答問原本就頗耐人尋味，而白樂天既然已經遇到和尚，當然不忘趁機請益：「佛教根本的心是什麼？」

道林和尚的回答是：「諸惡莫作　眾善奉行。」意思是說：「不做壞事，只做好事，這就是佛教的教誨。」

白樂天對這個答案依然無法瞭解。而他認為在自己還沒有瞭解以前，持續提出問題是最正確的作法。

於是他故意露出失望的表情：「這點連三歲孩童都知道。」白樂天原以為道林和尚會啞口無言。然而，這次問答卻有個出入意表的結局。

道林和尚當即反駁道：「善惡之別固然連三歲孩童都會，但真要實行起來，恐怕連八十歲老翁都很難做到。」

白樂天頓時為之語塞。換作是我們，可能也會和白樂天一樣為之語塞吧？

「知」與「行」之間，的確有很大的差距。頭腦的瞭解只不過是「畫餅充肌」而已，無法填飽肚子。

每個人的一生中，總有種種憧憬和夢想，如果我們將它迅速地付諸實踐，不曉得會有多大的收穫。可惜，人們往往不是馬上就執行當下決定，而是一味的拖延，使得激情逐漸淡化，終至一時無成。

一個人若不知道什麼是生命中最重要的，那麼，他只是虛度了「生命」。

81. 堅持到底

《景德傳燈錄・三〇》說：「兀然無事坐，春來草自生。」

「兀然無事坐」表示不帶有任何想法坐下來醒悟的意思。想要省悟也是一種煩惱，所以應該放棄這種心，無心的坐下來靜心等待，只要時機一到早晚都會醒悟的。

那麼，既然時機未到前不能省悟，是否時機一到就會自然省悟呢？這也未必，必須非常努力，而且時機成熟才能省悟。

「春來草自生」與佛教中「時節因緣」這句話的含意相同，表示時節不到即不能解決任何事情。

例如：為賺錢而拚命努力，但是如果沒有運氣的話，也是賺不了大錢的。不過，只要繼續努力，時機一來到，即會開好運的。

在世上有種不能以人的能力所支配的命運，這種命運支配著人生，道教稱這種命運為「天」。人的命是不可思議的，壽命的長短不是人的能力所能控制的，然而，這壽命因為是天所賜予我們的，所以稱之為天壽，這是個不受人的能力所支配的世界，佛教叫它為「業」。

過去的原因成為現在的業出現，所以不論再怎麼努力，都不會添壽的，今世的壽命短是前世惡原因的結果。

業是不能用人的能力來改變的。但是，只要努力不懈，就能把業帶到別的方向去。本來人都是具有佛性的，但是往往因為「業」而不能自覺。在佛教中絕對不否定宿命的。

一旦決定一件事情以後，在中途無論遇到任何困難都不要輕言放棄，要堅持到底。若中途退縮，就無法產生幹勁，而變得無所適從了。

例如武術比賽，雙方站在比賽場上互較長短，擺出起勢穩穩的站在那兒，情緒非常的高昂。如果一方任意的中斷比賽，離開了現場，情形會如何呢？又如我們在談話中途被打斷了，是不是也很不好受呢？

在必須做出決斷之時，不要考慮其它的事情，一定要堅持到底。如果在中途就放棄，那麼，情緒和工作慾望都將蕩然無存。如果你對此感覺到若無其事，那可真是無藥可救了。

希望大家至今仍然常向各種工作挑戰，雖不免遭遇過失敗和挫折。但是著手進行之前，務必判斷事情的可行性，如果辦得到，那麼請下定決心，堅持到底，努力付諸實行。

有人說：「既然要挖井，一定要挖到有水流出為止。」如果不挖到水流出為止，那麼之前的努力都將化為泡影。只有挖到水流出，才能使自己平靜下來，湧現出喜悅。當然不是說你所做的每一件事情都能夠獲得成功，即使失敗，也要持續努力。這樣才能產生一種「我也能做到這一點」的滿足感和充實感。

在工作的過程中，也許會碰到一些疑難雜症。但千萬不要因此而失去鬥志，應該使出渾身的解數，試著突破難關。

瑞士法學家西魯迪說：「對付擔憂的最上上之策是——忍耐與勇敢。」

不論面臨了任何的困難，若能耐苦，以勇敢的姿態向困境挑戰，一定可以打開一道光明來。所以，不要胡思亂想地杞人憂天，應該振作起來積極地向工作挑戰。

82. 洞察原因

「至道」的「至」，是至極、最高的意思。指無常的大道，也就是佛道。所謂「至道無難」，意思是說真正的真理（頓悟）並不是困難的。

這是趙州禪師所說的話。

修行佛道時，為了得到領悟，雲遊僧必須長時間忍受痛苦的修行。但是，趙州禪師卻主張領悟並不困難。理由何在呢？

在憤怒之前，應該先退一步使頭腦冷靜下來再慢慢思考。

外國有句格言：「人跌倒了會責怪坡道，沒有坡道則責怪石頭，沒有石頭則責怪鞋子。總之，人絕對不會承認是自己的過錯。」這句話的本意是說，沒有人會認為自己的失敗、不幸是自己的責任，而會將責任轉嫁給他人。

學生經常為考試成績而煩惱。成績不好時，絕對不會認為是自己不用功，而將原因歸咎於「老師出題的方式不對」或「媽媽沒有把我叫起來」，甚至還有人說：

「都是爸媽不好，誰叫他們把我生得這麼笨？」

花太多精神於發牢騷上，只會使你無法繼續向前邁進，使你更加討厭學習、變得更加不懂。

如果因為無法領悟而發牢騷，則永遠也不可能得到領悟，同理，當你自以為是地想像領悟是高尚而困難的時，也不可能得到領悟。

趙州禪師主張：「認為困難的心，會使事物變得困難。」

而我們這些凡夫俗子，會任意編些理由，說服自己領悟是一條遙遠的路。

「生意不順利」「每天都覺得很無聊」，有的人會有這些感嘆，甚至會哭著說：「不行啦，不行啦！」可是就這麼結束一切，問題永遠無法解決，必須反省為什麼會造成這種情形，要找出原因才是。

一八九三年，美國國際金錢登錄器的推銷員瓦特森先生，到各地推銷了二週。可是別人都拒絕買他東西，一台也沒賣出去，他為此意志消沈，非常煩惱。後來他想：

「因為不要而不買，為什麼不要呢？應該問他理由。一定要和客人一起討論這個問題，沒有讓客人充分了解，就停止推銷，是錯誤的做法。」

於是開始調查客人到底需要什麼東西，製造出滿足客人需要的機器。結果非常的暢銷，成為最大的廠商。

美國思想家愛曼森說：「儘管所發的牢騷，其內容是何等的高尚，其理由是何等地正當，對當事者來說將不會有任何益處。」

努力工作，但事情並不一定因此就順利圓滿地進行。遇到這種情形，首先就是要先自我反省，找出問題的癥結，研究對策，以使下次在從事類似工作時能順利地達成。

感嘆「人生無聊」的人，同樣的，一定也有其原因存在。原因為何，因人而異，各有不同。通常是因為肉體無法自立、精神無法自立、經濟無法自立而感到煩惱。當然，找出這些原因，是否就能夠讓你感覺到生命的意義，不得而知，但如果客觀的條件都具備，相信你自己一定會有所感受。

身體健康，擁有自己喜歡的工作，又得到社會的認同，過著經濟穩定的生活。即使這些條件都無法齊備，可是能夠感謝自己仍然活著的人，也是幸福的人。

83. 有樂有苦

活在這個世界上，不可能終其一生都事事如意。其中會有各種的迂迴曲折，過著有笑有淚的每一天，這就是我們的人生。如果因為自己的成功而得意洋洋，就會遭受報應。

像接力賽，第一棒跑者拼命的往前跑，遙遙領先其它隊員，佔了優勢。但是接棒的跑者可能在中途被其他的跑者迎頭趕上，這種情形也屢見不鮮。

人生有苦有樂，途中有什麼陷阱等待著你，無人知曉。所以要步步為營，直到最後為止。一步踏錯，就可能落入陷阱之中。

有的人在身處逆境時會感嘆：「為什麼只有我這麼倒楣呢？」但是光是感嘆也於事無補，應該要拿出智慧和勇氣，將不幸變成快樂。

釋尊的直弟子之一阿那律，有一天老師責罵他打盹，於是他發誓不睡覺，結果卻失明了。雖然他的眼睛瞎了，卻打開了心眼，得到了領悟。

一位公司董事長，在經濟不景氣時面臨了破產的危機。後來他心態一轉，整理身邊的一切事物，東山再起。但是他並沒有忘記之前的辛苦，即使一帆風順也謙虛為懷。

佛教中有云：「有樂有苦，有苦有樂」，這個想法也可以稱為「一得一失」。亦即有失必有得。因此要一直擁有「不醉於順境，不屈於逆境」的心態。

「今日事，今日畢」，在工作上付出努力是很好的，但是通常我們會認為「只要今天一天就可完成」，或是「休息一下，明天再做也無妨」，因此又延長了一天。該做的事情，卻一直無法結束，事後才拉警報。

所以「未雨綢繆」是必要的。在該做的時候就應當要「趕緊去做」，否則工作會大量積存，屆時後悔莫及。

時間不斷的流逝，不要推說「以後再做」，一定要有「排除萬難，今日事今日畢」的精神，向工作挑戰。

對於自己喜歡的事情，會努力去做，不喜歡的可能看都不想看，更別說去做了。這就如同好吃的東西會先吃，不好吃的東西往往留到最後一樣。如果只是吃的問題，那倒不要緊。但是該做的事情，就必須要完成。

我們要鞭策自己懦弱的意志，時時提醒自己「不能保證明天還活著」。

我們在遇到人生上的難關時，難免會陷入絕望中。這時只要藉著一點點的鼓勵，就能夠再度拿出勇氣，浮現好的構想，找出解決的方法。人類的膚淺智慧往往把事情看得太嚴重。即使不是什麼大問題，也會給與過於嚴重的評價，引起恐慌。這時就需要重新站在不同的角度來探討問題。

每遇到困難首先應當直接了當面對著它，不要光是抱怨不休，更不可垂頭哀嘆，而是立刻抬頭挺胸予以迎擊。在你的一生裏千萬不要奴顏婢膝，半失敗狀態地匍匐混世。面對困難拿出你的力量來對付它。當你直起腰來立刻會覺得它們所給予你的阻撓遠不及你所想像的一半。

拿定主意就是力量，這種動力足以迎遇艱險。人人都具有這種力，但在四面楚歌中，面迎的無不是艱難、險境，那麼你就非有「不為逆境所困」的魄力不可。

有位作家曾說：「遇到難題無法解決、束手無策之時，吃一碗麵吧？吃飽後也許就能產生新的構想了。」

84. 未雨綢繆

有錢人有時也相當愚蠢。例如，看到別人家的三層樓房既壯觀又美麗，心裡就想我也有錢，為什麼不蓋一棟這樣的高樓呢？

於是請來工匠建造樓房。工匠瞭解主人的要求後，首先打好地基，然後開始蓋二樓。當即將動工建造三樓時，主人突然跑來了。

「我不需要蓋地基，也不要一樓、二樓，只要三樓的高樓就好了。你們趕快造三樓吧！」

這是釋尊的說法。

在禪宗寺院的玄關處，寫有「照顧腳下」四個字。意思是提醒前來寺內參拜的人：「把你所穿的鞋子擺好」，同時也希望他們擺脫世俗的糾葛、忘卻價值觀。具體地說，就是在脫掉鞋子的那一瞬間，也能去除世俗的塵埃。

所謂世俗的塵埃，就是結果重要主義。

西班牙作家西魯班斯說：「當陽光普照之時就該做好乾草。」然而現代人多半只重視結果。就拿推銷員來說吧！上司只要求下屬達到自己所訂定的業績標準，至於部屬如何努力地想要達成業績，則根本毫不在乎。這麼一來，上司與部屬的關係當然會產生破綻。

同樣的情形也會發生在親子之間。父母只重視成績，就算孩子考試作弊或採用其它不正當手段，只要能考上理想學校，家長也可以表現得若無其事。這樣不僅會破壞親子關係，同時也會對人格形成產生不良影響。所以，不要光看結果，到達結果之前的過程才是最重要的。

走在時代尖端的噴射機、高速鐵路或汽車等，這些文明的利器，使我們的生活舒適，節省勞力和時間。但是，這些都必須以能夠安全運作為前提，萬一發生故障時，就會成為危險的兇器。

機械越是能夠有效運作，就越需要確實的準備和維持管理。表面的美觀，內部卻未做好萬全的準備，會造成何種情形呢？哪怕是小小的缺失，倘若放任不管，漸漸的就會波及整體而發生意外事故。

文明的利器就好像「一片板子下為地獄」的危險橋一樣，走在這危險橋上，我們要利用絕對安全及值得信賴的利器。但這世上並沒有任何東西是絕對安全的。我們卻把這些「虛假」的東西，誤以為是安全的東西，且不得不使用。我們不能夠被物體表面的美觀所欺瞞，平常就須預防，不能怠忽內部安全確實的準備。

「未雨綢繆」，等到意外事故發生以後才後悔，已經來不及了。要防範意外事故於未然，過著舒適的生活，就必須要做好平常的內部整理。

這並非他人之事，對我們的身心健康而言，也是如此。安全設施的裝置也是必要的，以備於萬一事故發生時，能夠以預備的東西自救、救人。

機會是不會事先向我們打招呼，也不會偷偷地通風報信的。它必須由我們自己的雙手去尋覓、去創造。

英國作家布魯巴說：「機會會探訪每一個人，只是懂得善用它的只佔少數。」

事情在適當的時候去做，時間可以節省；背道而行往往徒勞無功。平常應該留意勿失良機，發揮自己最大的力量地抓住它並利用它。

85. 簡單明瞭

《碧巖錄》說：「落花流水太茫茫。」「茫茫」是形容無限廣大的情景。落花飛舞、流水涓涓不斷，花與流水皆無心，顯示出超越俗塵之意。

落花好似有意隨溪水而流；流水好似無情的將落花推送至遠方，亦即落花在有的狀態下而無意；流水是無情的狀態而有情。不論是有情或無意，二者都是無心的被送或輸送而已。

人要在其中感覺到真正無心的作用。

隨著文明高度發達，我們的生活越來越舒適，但是對於機械或器具的依賴性也增高，盡可能節省勞力和時間，使用方便的東西。我們身邊圍繞著汽車、電視、音響、冷暖氣、文字處理機、電子計算機等，一日不可或缺的依賴這些機器或工具。

當然，處理時覺得非常方便，沒有什麼不好。但若一旦發生狀況，就束手無策了。

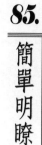

現在機械和機器的處理方式，越來越複雜化了，維修也非常的精細，外行人很難自己修理。閱讀說明書而一次就能把握內容，熟知處理方式或修理方式的人，就算是天才了。自己束手無策時，只好依賴專家，因此技術性的行業當然會盛行。

從前在美國時，將重要文件放入手提箱時，總需折騰半天。

在客戶處想打開手提箱時，卻忘了密碼。沒有辦法，只好到附近的鎖店花了一百美元請鎖匠開鎖。為了確保安全，設定了密碼，結果卻拿著一隻打不開的手提箱，反而不便。

一般手提包或背包因沒有鑰匙，能夠輕易取出裡面的東西，非常方便。使用高級的手提箱，反而有諸多的不便。

各種機械或器具能夠順利運作時，都非常的方便，但是一旦發生問題時，卻又成了無用之物。世上越便利的東西，在運用上越來越複雜化，外行人根本無法插手。一旦發生萬一時，當然希望身邊能夠擁有容易操作的器具來替代。

社會文明化、社會經濟構造複雜化，處理事物時，若沒有一些專業知識或時間金錢就無法處理。

以處理這些繁雜事務手續為業，具有專門知識的咨詢顧問、會計師、稅務師等，生意興隆。當然還有影印機、電腦等事務處理機，只要不嫌程序上的麻煩，自己也能做。可是為了有效率的工作成績，利用這些專業人員，成為必要之爭。

一般家庭中，即使沒有從事特別的事業，每年也一定要申報所得稅。買賣房子或土地時，也都需要進行這些事務的處理。因此，「不知道，忘記了」這種說法，在世上已經不適用了。

若不申報所得稅，會被冠上逃稅者的罪名。申報過少會受到調查，遲繳者需加重稅款，事務手續不周全者，也會受罰。成為社會人，在世上生存，就要通過這些難關才行。

人在這個複雜化的社會構造當中，是無法逃離這個社會的。但難道這些機構不能夠整頓流程，或將其簡化，使得每一位社會成員都能夠輕易地加以處理嗎？

如果社會構造各方面不能進行真正的改革，即使在政府的主導下擴大內需，叫嚷擁有豐富的生活，也只是有名無實而已。就好像產業界省能源化一樣，事務的簡化對於提升我們的生活而言，是政府與民眾必須同步進行改善的當務之急。

86. 真正見解

「真正見解」一詞出自唐代禪僧，臨濟義玄禪師之口。所謂真正的見解，就是不要為表面慾望的充足所迷惑，要努力到達真正的領悟境地（見解）。

所謂表面慾望，包括更高的地位、頭銜、財富、權力等。一旦深陷這些慾望當中，就會無法自拔。在擁有這些慾望的同時，會迷失真正的自己，產生一種地位和頭銜才是自己的錯覺。

人生在世，應該有財產、頭銜都無法帶到另一個世界去的自覺。

在現世裡，不管你再怎麼位高權重，終究只是在現世的裝飾工具而已。可笑的是，人卻經常為這些裝飾工具所擺佈。

一休禪師有一段關於袈裟的有趣故事，流傳於後世。

某個有錢人要求一休禪師為他舉行法事。這位有錢人自以為家財萬貫，平日裡總是一副趾高氣昂的樣子。禪師決定給他一個教訓，於是故意打扮成乞丐和尚的模樣，來到富翁家門前。

「對不起，我想見你們家主人。」說著朝門內走去。家人以為他是乞丐，當即毫不客氣地喝道：「出去、出去！」不料和尚卻怎麼也趕不走。

於是富翁下令：「立刻把這個乞丐給我轟出去！」在家人的棒棍下，禪師鼻青臉腫地逃了出去。

翌日，禪師穿上金襴袈裟，再度來到富翁家門前。很快地，主人來到玄關處迎接他。當主人表示要請他到佛堂去時，禪師卻站在玄關一動也不動。

「我穿著破爛的衣服來，結果卻被你叫人打得渾身是傷；穿著金襴的袈裟來，你卻殷勤地親自出門迎接。原來你想要的是這金襴袈裟。好吧！這件袈裟就送給你好了。」說著脫下袈裟轉身離去了。

這則故事主要是在告訴我們，內在遠比外表的裝飾更為重要。

道路必須讓走在路上的人能夠儘早達到目的地，故要多花一點工夫，使其更完善，讓旅人能夠安心、安全的通過。

例如，道路標幟、休息室等，都是很好的設備。但即使是在視野良好的平坦之處，以前的道路設計者，不會做出連接最短距離的直線道路，反而會使道路彎曲，讓旅人能夠看到下一個轉角。為何要這麼做呢？因為讓旅人能先看清前方的情形，比起看不到盡頭的最短距離直線道路而言，走起來更不易疲累。

開車橫越美洲大陸，在視野廣闊的荒野，只有一條直線道路，一直綿延不斷。單調的駕駛，令人感覺非常厭煩。若走在彎曲迂迴的觀光道路上；則雖然實際距離較長，但因能觀賞周圍的景色，故在駕駛時也較不會感到疲倦。

我們的人生道路也是如此。每天無所事事，會缺乏幹勁，沒有彈性。所以在每個階段都要設定一個自己能夠達成的目標，這樣就能夠完成許多事情。

人生的道路，並非在自己走之前的道路，而是在自己到達以後的道路。

俄羅斯作家格利基說：「所謂才能，就是相信自己，同時相信自己的力量。」

不要建立什麼遠大的理想，設定一個只要自己稍加努力就能達成的目的，朝著這目的踏實的走。所謂「積沙成塔、積少成多」，不知不覺的你就會發現，到達了自己的理想。

87. 心靈的太陽

在堪稱人種與文化大熔爐的美國，人們在各自的選擇之下，追求所有活動的可能性，反覆錯誤的實驗，並保持進步及發展。尤其是宗教方面，不拘泥以往的傳統或習慣，按照個人的嗜好選擇自己的宗教信仰，以尋求安心立命。與其相呼應的，就是宗教團體會謀求各種方法去拉攏人心的情形非常顯著。

即使個人的信教自由在台灣受到保障，但以家為中心的傳統、習慣的羈絆無法輕易解開。既成的宗教團體不必自己主動進行傳教或教化活動，其地盤依然穩固。一般人只有在需要宗教的時候，才會尋求宗教的救助，至於平常則不表關心。但是，由於現在逐漸地小家庭化，個人可自由選擇宗教信仰，已經不再有以往的情形了。

既成宗教團體及新興宗教團體站在同一地位上，向眾人顯示其真正的價值，而人們也向宗教尋求自己生存的指標，這對我們而言是可喜的現象。

所以，不要只考慮歷史或傳統的新舊、建築物的大小、教徒的多寡等，要選擇一個真正值得信賴的宗教，把自己的生命託付於祂，安心的過有意義的人生。

如果你在別人的建議下，或是受到它外觀的好看及現實利益所惑而加入不良的宗教，等到深陷其中時恐怕會無法自拔，甚至還有一些會使家庭毀滅的邪教等著你，所以必須小心。作好心理準備，不要受到誘惑，並選擇正確的宗教。

我們對於世界的所有事情，都是根據以往眾人自己的經驗來判斷「應該怎麼做」而採取處理的行動。

例如，時刻表上記載「幾點幾分到那裡的車子要發車」，而眾人也深信不疑。我們會在這時去搭乘這些車子，就是因為相信時刻表上所記載的發車時間，如果記載沒有錯誤，不管是誰都會在這個時間到車站去搭車。

宗教也是同樣的情形，信不信神佛或教祖的教誨是個人的自由。但是，相信的人會藉此認為自己能安心立命，結果若是好的，就會加強信心，也希望他人能夠和自己擁有相同的信仰。若結果不好，就會脫離宗教。

所以，不應該強制他人相信或脫離宗教，而要讓本人自己決定。可是，世間還是有很多人無法靠自己的意志決定一切，常常依賴他人而變成毫不關心的態度，徬徨無助。

在此要注意的就是「正信」與「盲信」的不同，若沒有覺悟到這一點，就會認為自己所相信的絕對正確，並強制他人接受自己的信仰。你自己相信什麼是你的事，但若因此而造成他人的困擾，這種信仰絕對不是「正信」，而是「盲信」。對於自己相信的事犧牲奉獻，就可能會無法判斷周圍的狀況，而漸漸地脫離群眾或是被群眾疏遠。

有些人相信，有些人不相信，如果將其視為絕對，反而會限定自己，而陷入「盲信」的陷阱中，因此要自我反省。

自己所相信的宗教是否為「正信」，其決定權不在於自己，而在於自己以外的部分，這一點一定要牢記在心。

有些國人盲信宗教，認為不相信宗教就會遭受噩運。因為相信「一年之計在於春」，所以，過年時會到附近的寺廟參拜，向神佛祈求「我得到幸福」，這是很好的事。但是如果希望從神那兒得到利益，就不算是真正的信仰。

我們的人生會不斷面臨黑暗，不斷有苦難糾纏，可能都無法達成自己的願望，這時，你就會覺得情緒低落，甚至跌落到痛苦的深淵。但如果你是因向神佛祈求，卻無法達成心願而感到失望，這表示你只不過把神佛當成交易的對象罷了。

真正的信仰，是向神佛祈禱，抱持希望與夢想，過著報恩感謝的人生，並無視於利益的存在。

我們的存在是非常渺小脆弱的，但是這樣的存在，依然有如太陽般的慈悲和智慧的佛光照耀著我們。人若自覺到這溫暖的光，走在人生道路上時，不論高興或悲傷，在光的反射之下會自然表現出一種祥和的表情與態度。而這個反射光也會照亮他人。

即使我們本身沒有發光的力量，但若我們的心像鏡子般，成為無心的狀態，而能接受佛光，不知不覺中反射於內的同樣的光就會發光。問題在於是否擁有能夠接受佛光的謙虛胸懷及信仰的心。

「菩提本無樹，明鏡亦非台，本來無一物，何處惹塵埃。」身心清淨之際，恰是我們成長之時。

88. 真正人上人

《中峯廣錄》說：「不萌枝上花開，無影樹頭鳳舞。」

不會萌芽的樹枝，沒有光線照映而無影子的樹幹，這二者都被認為是屬於極樂的樹木。

這句話的字面意思是「在不會萌芽的樹枝上開花，鳳凰在無影的樹上飛舞」。這是表示不要做不可能有的事情。要放棄是否會成功的想法，專心做一件事情才是重要的，這就是無心的作用。

這首詩表示打破了辨別心的世界，超越常識的境界。

若時機成熟，枯木也會開花的，所以，不可認為不可能而放棄，應要加倍努力理解工作常識的樂趣。

我們看到他人的生活，也許會認為「為什麼別人總會成功，總是幸運的」。但是，「他能走到這一步，一定也曾辛苦的付出過，也許也曾遭遇過失敗」。這背後的部分，也應該要重視。別人的成功和好運只不過是浮在表面上的，如果加以模仿，很少能夠得到同樣的結果，反而容易招致失敗。

在世界上很多人因為煩惱而去看心理醫生。這些代表社會良知的偉大醫生們，會利用自己所擁有的知識，進行模範式的回答，幾乎都是以「如何解決問題獲得成功」為目的而做出回答。聽了這些話以後，也許可以得到些安慰或鼓勵，但是否真的有幫助，就令人懷疑了。

我想如果能夠聽聽他人成功的背後曾有的失敗和痛苦等經驗，會更有幫助。美國的湯瑪斯愛迪生進行五千次的科學實驗。他就說：「在這當中實驗獲得成功或得到獨創性的理論，只有五次而已。」

聽到這番話，也許有的人會說：「實驗大都是無用的。」這時他會回答：「不是的，除了五次成功以外，能夠清楚的知道失敗，才是大成功。」

當我們犯了一點小錯，被上司或父母責備時，就會意氣消沈，缺乏幹勁，認為「自己是無用的人」。每個人都有失敗，且是「覆水難收」，即使再多的悔恨，也無法挽救。一次失敗，是一種錯誤，是自己不小心所造成的。這時就該反省「為什麼自己會失敗呢？」並要發誓決不再犯，要繼續努力，這一點非常重要。

放任不管的話，可能會一錯再錯，這就成了一種錯誤。如果反覆出現這種錯誤時，就是不正當行為。

任何人都可能犯錯，當然不是說跌倒了很好，並非跌倒了就能得到成功，但若能以此做為試金石，繼續努力的人，才是真的偉大。不要因遭到挫折、責罵就認為自己是無用之人，渡過黑暗的人生。

最近學校教育方式，只是以成績或偏差值本位來決定學生的價值。認為進入一流學校、或是一流公司才是人生唯一目的單線教育，只能直線發展，不能回頭。但是就好像木瓜，即使二、三年也不會發芽一樣，人類價值不能光看二、三年的學業成績來決定。

茄子不會變成瓜、柿子不會變成栗樹，每個人都擁有自己的價值，要過著能將這些價值充分發揮出來的踏實生活方式。

劉安的《准南子》中說：「明鑑者，塵垢亦不能埋。」

如果在人前無法表現失敗或獻醜的一面，就無法成為真正的人上人。

89. 生命的意義

宗教的「宗」是根本，而「教」則是其側面的枝葉。其根本「宗」在於佛教的「三寶」，將存在於社會的各種思想稱為「教」。

「要尊敬三寶。所謂三寶，就是佛、法、僧」，所說的佛、法、僧，就是宇宙法則體現者，以及法則本身，還有相信法則並加以實踐的人，這些都是值得尊敬的，而非是後來發展出的佛教教團小範圍所想的三寶。

不過，關於世間這個根本的法則，產生了各種解釋和教義，使眾人忘記了根本，只是注意枝葉，出現只有「尊敬佛」的宗派根性，甚至在雙方相剋對立的立場上展開紛爭。不只是在宗教世界，在政治及其他場面都出現這種現象。

《起信論》說：「一切眾生以有妄心，念念分別。」

人類都有界限，如果忘記能夠包容一切的無界限的宇宙法則性，或者想將其獨占，則只是一種自私自利的表現。

如果你的孩子或其他人問你：「為什麼活著？」你會怎麼回答呢？

不論是購買住宅或汽車，想獲得地位、頭銜和權力，或者為了養育子女所需的生活必需品，以及認為自己是為了努力工作而活，但以上的一切，全都是生活的手段而非目的。也就是說，即使備齊了這些條件，也不見得就能滿足，即使滿足了，終其一生也只不過是活著罷了，並不算是過著一個美好的人生。

就算此生已功成名就，老年也過著沒有煩惱的幸福生活，並享受含飴弄孫之樂，但是，這只是一種為自己的利益所過的生活方式，死了以後，一切將化為灰燼，與努力工作的時代所做的事相比，其本質是相同的。只是因為非常忙碌，才有誤以為每天的生活都非常充實的錯覺。

所以，如果生前只是為自己、親朋好友工作，而留下很多東西，卻不是為他人或整個社會而做，那麼，即使這個人死去也不可惜。

能夠證明我們曾經活在這世上的證據，不在於物質，而在於對這個社會造成何種好的影響，有無留下任何精神遺產。不見得要在表面上的表現，即使在背地裡默默耕耘，就算得不到他人的認同，也一定會得到某種型態的回報。

90. 事物的本質

這幾年來世界的政治、經濟動盪不安，例如：泰國、埃及的引起暴動，以往的高度經濟成長期已經衰退，經濟瓦解、景氣低迷，整個世界似乎即將走入黑暗中。和平的到來只是短暫的時間而已，現今在世界各地還會因為國家、民族、人種、宗教、性別以及貧富的差距，展開許多紛爭，今後只會不斷的增加，不會減少。為什麼會變成這種情形呢？

到目前為止，有利用權威、權力或武力壓抑眾人慾望的管理體制。但是第二次世界大戰後，各國脫離殖民地的桎梏而獨立，開始重視人種平等，以及人權問題，已經無法在以往的範疇內統治人類。而現在新的範疇還沒有出來，所以可以說是再編成的過渡期。

在這個黑暗、不透明的世界當中，我們的生活一刻也沒有停止，不斷的持續著。哭、笑的人生在各地展開，有的人雖然希望能夠長壽，但可能其生命卻極短暫。表面的表現看似很好、很快樂，但暗地裡卻可能不斷的湧現慾望，過著追逐慾望的每一天。

任何事件的發生，在被發覺之前內部已經形成了問題，等到事件發生時，已經太遲了。這時才後悔，事前為什麼沒有加以防止呢？可是通常都是後悔莫及。

歷史學家曾說：「記者在寫一篇報導之時，首先要正確掌握事實，第二要累積綜合的判斷，第三則是必須要從與歷史的關連和發展中來探討事物。」我們在事件發生前後，也需要多角化的分析、判斷，處理其內部的原因。

今日的社會，隨著科學技術的進步發展，專業範圍更加的細分化，今後將在自己的專門領域內持續研究，具有極大的意義。結果，雖在專業範圍的整體中擁有地位，但卻喪失與其它範圍的關連性，造成「見樹不見林」的情形，很難再進行整體的有機性統合。

例如在醫學範圍內，從基礎醫學到臨床醫學，從臨床醫學又可分為內科、外科、耳鼻喉科、神經科、皮膚科、婦科、小兒科、齒科、眼科等。內科又可分為消化器官科、呼吸器官科、循環器官科、泌尿科等，各自獨立。而一位醫師沒有辦法網羅整體，得到綜合的知識，只知道自己的專門範圍，因此無法解救患者的生命。

任何的學問或職業，或多或少都會分業化，大家只知道自己的專業範圍，其它部分就不了解了。雖然我們發明了能夠到達月球的火箭、超音速噴射機、核子武器等，在建立這些文明利器的同時，卻忘了加以操縱和檢查的睿智，忘記人類生命的尊貴，只是一心追求學問或科技的發展。

人類學家梅棹忠夫說：

「現代科學或者是現代科學的想法，本身就已經脫離人類，以某種意義來說是非人類的科學。」

我們一定要盡早察覺科學技術的進步發展所造成的弊端，不要成為被科學技術束縛的人類，要使其發展對人類有所貢獻。否則科學技術就會更獨斷獨行，等到發現時，恐怕已無法收拾了。

最近的熱門話題臟器移植，及利用生化科技的人工栽培等，科學技術的發展非常的顯著。如果這一切真的能夠為人類帶來幸福，當然很好，否則光是延長生命或補給營養，長年累月下來，就會出現副作用等來自自然的報復。

91. 隨處都是主

經常到海外的人，會發現歐美人士的行動都基於原理、原則，但有時卻為我們帶來麻煩。

例如，在餐廳吃飯時，哪幾個桌子由哪些服務生負責早就決定好了，沒有顧客的桌子的負責人，就算有空也不會幫其他服務生的忙。銀行或商店在打烊時間，不管客人在不在都會拉下鐵門，關上窗戶，不會考慮要為顧客服務，因為他們在契約上已經清楚記載著工作時間，所以若超過時間就認為「事不關己、己不勞心」，表現出非常冷淡的態度。

到美國的洛杉磯機場，每一位入境的乘客都必須接受入境檢查。來自海外的許多乘客到達後便排列在櫃台前，有時人數達幾千人，只有五、六處櫃台，所以短時間沒辦法通過。但是卻還有美國歸國者專用的櫃台，處理少數歸國者事務的人，絕對不會幫忙隔壁外國人專用櫃台的服務員處理事務。好不容易才審查完畢，走出大廳，看到美國歡迎入國的海報，以及面露笑容的總統照。

在等待的期間，有一個帶著孩子的德國中年母親，孩子似乎不願等待，但母親卻斥責他說：「你要忍耐。」這句話令人印象深刻。她似乎覺得「空著的櫃台的人員為什麼不願意幫忙呢」，臉上露出「無可奈何」的表情。

只是基於原理、原則行動，而不做隨機應變的處理，這種歐美人的生活方式，可能會無法迎合時代的需要而露出破綻。

近代人各自獨立，不侵犯他人的領域，而限定自己的守備範圍，的確在平時能保有各人的尊嚴，但是若意外來臨時卻無法講求融通，有共同倒下的危險性。

傳說釋尊曾對弟子馬倫加普塔說過以下的話。

馬倫加普塔啊！如果有一個男子中了毒箭非常痛苦，家人叫醫生來，醫生拔箭時他卻叫著：「不要拔箭，在拔箭之前我要知道是誰射了這支箭？這支箭是由什麼做成的？製造者是誰？如果不知道就不能拔箭。」

恐怕在尚未得到答案前，這個男子就已經死了。同樣的，現在最重要的並不是去探索世界的一切，而是要除去實際的煩惱、痛苦。

所以，釋尊所採取的態度並非是客觀事項的研究，而是注重實際。

對我們而言，如果遇到一個呼吸困難、瀕臨死亡的人，自己又不懂得加以治療，若放任不管，等到醫師來時，恐怕只有等死了。而我們要做的就是採取人工呼吸等緊急處置的方法。在緊急時一定要採取隨機應變的措施，也許就能解救一命。

不論何時、何地，遇到任何事情絕對不要猶豫，要冷靜地判斷狀況——「現在自己該做什麼」，做出決斷，來處理事務，這才是「隨處都是主」。

要培養這種努力和膽力，首先就是要抱持「必死的覺悟」，果敢地面對任何事物的挑戰。

《碧巖錄》說：「一聲雷震，清風起。」即雷鳴一聲後，雨停、涼風起，暑氣全消，塵埃落地，萬物全都呈現一片欣欣向榮的景象。

雷鳴一聲後即將一切的煩惱、妄想沖洗掉，清淨無垢省悟的境界。

要到達這種境界並非易事，因為在我們心中的煩惱、妄想，像一團不滅的火焰，所以，需要接受一聲雷震後猛烈豪雨的洗禮（繼續做嚴格的修行），才能達到涼風起的境界。

92. 金錢的奴隸

每年都要在五月底前進行會計年度決算以及申報所得稅，要整理帳冊、舉行會議、報稅，非常的忙碌。是否有所得、與何種事業有關、金錢出入的情形，即使是不熟悉的人，在處理事務上，不置可否的都必須要與金錢交易。

以前受到儒教的影響，一般人較不重視金錢，成為一個社會人士之後，必定要處理金錢，被視為是一種必要之惡，君子則根本不注意金錢的出入。但在現代社會中，情形又如何呢？

雖然不會餓死，但是工資鬥爭在勞資雙方之間經常發生。孩子們也會私下探討今年的紅包到底有多少錢。如果金額比別人少，孩子也會很不高興的抗議道：「我的錢比較少。」報稅之後，全國高所得者的排名會在報紙上出現。與有些人的所得金額相比，一般庶民會感覺到自己非常貧窮，有種自卑感，甚至家人會有「爸爸錢賺得這麼少」之類的話出現，令人同情。

最近隨著電腦的發達，銀行、郵局以及稅捐單位連線作業，每個人荷包裡的情形一目了然，一個按鈕就能夠明白生活的實態。但是，依照金錢的多寡來判斷他人的價值，未必是正確的。

現在無論是親子、夫妻、工作場所或地區的人際關係都與金錢有關。再這樣下去，沒有人承認金錢以外的價值，只有成為金錢奴隸的人類才能在管理化社會生存，使國民成為金錢奴隸的元兇，到底是誰呢？這比空氣污染或公害更可怕。

攤開每天報紙上的政治、經濟、社會欄，很多都是稅制改革問題、股票漲跌等與金錢有關的報導，而我們也必需要接收這些消息。

可能是在國內金錢的動態非常的激烈，所以，這些話題是不可或缺的。當然讀者的關心也會集中在金錢上。不論晨、昏都為了金錢而或喜或憂。

從前英國的陶藝家巴納德里奇就曾提出警告：「金錢、金錢，求快、求快的精神在國內蔓延」。而今被視為家常便飯，如果這些是事實，可就糟糕了。

的確，有錢可以買到想要的東西，做自己喜歡的事情，非常方便，甚至於問孩子們：「僅次於自己生命的重要東西是什麼呢？」他們的回答就是「錢」。在生活上不能沒有錢，為了獲得錢，每個人用盡所有的手段，盡可能多賺一點錢。最近明白世事的人到處鑽營，想要利用更快速的方法增加收入。

前些日子某家公司的經營者所敘述的一番話，令人印象深刻。

「賺錢沒什麼困難，只要捨棄義理人情和羞恥心就可以了。」

在世間還是有許多金錢買不到的東西，例如健康、自由、時間、友情、愛情、信用、安心等……。而其中任何一項對人類而言都是不可或缺的。如果只重視金錢，認為這一切都是可以捨棄的人，已經不算是人，只能稱之為守財奴。

俄羅斯的作家托爾斯泰在他的著書《伊凡的愚蠢》中就曾說：「金錢是新的奴隸制度。」

不論是資本主義或是共產主義，通常大多數的人都會為了金錢而捨棄了自己的自尊或羞恥，奉獻自己的身體。

在我們周圍也看到一些即使受到上司不平等的待遇，可是為了生活仍然要逢迎巴結的人。在不景氣當中，一旦停止支付薪資時，就會成為「金錢的斷絕，就是緣份的斷絕」，乾脆的向對方說拜拜。這些人就是金錢的奴隸。

93. 形式與內容

《碧巖錄・八六》說：「花謝樹無影。」

「謝」，辭去、凋謝。這句話的大意是「連美麗的花兒也凋謝了，而且，太陽日落再也看不見樹影了。」

這裏所指的「花」，是「佛化」；樹是指菩提樹而言。也就是表示：省悟的花兒凋謝了，也看不到菩提樹的影子了。表現盡了一切省悟，同時也不會被這種省悟拘束的自由心境。

每當參加一些學會或大會時，就會使人有以下的想法。

一年聚集會員召開一、二次的集會，雙方會坦率的提出平常想的問題來討論、鑽研，藉著大家的聚會，會使平常的疏離感消失，將比重置於親睦與懇親的關係上。不只是學會，其他的集會及研修會也是同樣的情形，可能是因為國人不喜歡辯論和說話吧！

因此學會都會按照慣例，舉行開幕、閉幕儀式或紀念演講等形式性的事項，只會利用少部分的時間，進行學會主要目的的討論，大都是以懇親會的方式結束。各自立場或研究課題不同的出席者聚集一堂，在短時間內，要消化許多的計劃，是不可能的。

但是，不管內容如何，學會只希望能平安無事的舉行完畢，對主辦者、參加者而言，只不過是盡個義務而已。

對於生存在團體主義中的人而言，也許是好事，但對整個國際社會而言，並不適用。在總議題之下，不管是誰都能當場發表意見或討論。如果議論不合，無法找出結論或沒有任何進步時，就會造成弊端，只是浪費時間而已。

但若要得到進步的實績，就必須將討論議題的範圍細分化，持續進行一貫性的討論，否則只是大家聚集在一起，議論紛紛罷了。

但是即使這麼做，也只有使大家再認識問題的效果，光是這樣，還不夠。

棒球大賽開幕儀式的預演，整個行列都井然有序的前進，選手宣誓，整個大會充滿熱鬧氣氛。但是這種一成不變，絕對不允許出錯的預演，其實沒有任何的意義。再談紀念儀式，原本就是參加者表示自己和平祈念的心情，這種集會，又為什麼需要事先預演呢？所以，喜歡注重形式的國民性應該要檢討了。

不論是大會預演，或者是紀念儀式，注重內容比注重形式更重要。

德國的做法就不同，以前在慕尼黑舉辦奧運時，並沒有進行任何開幕儀式的預演。當參加選手入場時，會演奏各國的國歌，同時在看台上方的國旗也冉冉升起，當然也曾升錯過國家的國旗。如果像國人一樣的先預演，做好萬全的準備，就不會出錯。這時你也許會說：「看到沒？所以一定要預演啊！」可是對德國人而言，這並不是嚴重的問題，反而是一種可愛的表現。

在我國通常舉行典禮或會議之前，都必須先準備好儀式或內容，一切都要事先安排好，再依序進行，最後結束。

的確，這樣就不會出錯，能夠保持秩序。但總覺得有些遺憾，好像只是內容空洞的形式而已。

如果一直採用這種做法，會造成一成不變，使得內容顯得空洞，所以，任何事情進展順利時，要不斷的調整自己的情緒，不要流於形式。

94. 休息的重要

在倒楣的時候，整個人就會心灰意冷，昔日誇下的豪語和氣勢蕩然無存，陷入一種憂鬱的狀態。

有人災難重重。首先是在高速公路上與其他的車子相撞，幾乎車毀人亡。後來又感冒、掉牙、無法進食，躺在床上兩週，身體非常的虛弱。到目前為止，將近十年以上不曾生過大病的人，覺得突然事事變得不順，悲觀的想法油然而生。

「等一等，這只是我以往拚命努力工作所造成的反彈，因為工作過度，故身體需要休養，趁此機會休息，準備下一次的活動也不錯。」想到這裡，該人內心也平靜了許多。人類工作過度，當然會積壓疲勞，而於某個機會時出現症狀。

人生不見得事事如意，遇到不幸時，要自我反省。回顧自己以往的人生，「我到底做了些什麼？對我而言，或對這個社會而言，我所做的一切真的都是好事嗎？」必須要認真地思考。

不要畏懼上天賦予自己的使命或工作，務必要貫徹到底。有生命的人類，一定要保持身體健康。如果沒有健康，就無法貫徹自己的信念。樂器的弦一旦過緊，就無法奏出美好的音色，人生也必須注重緩急輕重，才能夠擁有美好的人生。

「度過擁有餘裕的人生」，是一件大事。必須要對災難或恩寵抱持感謝之心，利用休假日來充電，好好地享受這難能可貴的美好時光。

「休息也是工作的一部分」，最近，過勞死的情形十分普遍，這是工作過度所造成的。為了有效地處理工作，必須深具要領地安排，如此才能夠事半功倍。

身心不健康對於個人，對於世界，所生禍害是多少，有誰能夠計算得出呢？

健康是生命的泉源。失去了健康，則生趣索然，效率銳減，生命成為黑暗、愁霧，一切失去興趣與熱誠。能夠有一副健全的身體和健全的精神，而在此兩者之間，存在著一個美滿的平衡，這真是多麼的幸福。

在各地，我們可以看見有作為、有智慧、有天份的青年男女，為不良的身體所牽絆，而至終生不能酬其壯志。有許多的人都過著不快樂的生活，因為他們自己覺得，在事業上，他們只能顯出一小部分的真實力量；而大部分的力量，則因為身體不佳，將必然的對於自己，對於世界，歸於烏有之鄉了。

天下最大的失望，莫過於有志而不能酬。感覺到自己有著大量的精神能力，而同時沒有充分的體力為後盾，為之利用；感覺著自己有著凌雲搏鵬的大志，而同時沒有充分的力量足以實現，這是人世間最悲慘的一件事情。

許多人之所以飽嘗著「志未酬」的痛苦，就是因為他們不懂得常常去維持著最高度的身心健康，常常去把持著身心的清新、壯健，希望在事業上，能收到高度效率的這一種必要性與重要性，保持身心的清新、壯健，是一切藝術中的藝術。

一個生活謹慎的人，有著大量的生命力可以抵抗各種疾病，渡過各種難關，應付各種打擊。但是，一個在平日把氣力用盡，活力用枯的人，卻經不起嚴重的事變打擊。

身體同精神是息息相關的。一個有一分天才的體強者的成就，可以超過一個有十分天才的體弱者的成就。

我們需要一個健康而精強的身心。這是可以做到的；只要我們能夠過一種有節制，有秩序的生活。

95. 活用一切

我國經濟突飛猛進。但是，即使貿易收支為出超，金融界、產業界非常富有，可是國民生活並不算非常豐饒，這到底是怎麼一回事呢?的確，與外國相比，國人平均年收入和工資提高，但相對的，生活費和地價也不斷高漲，實際上，我們過著與開發中國家同樣的生活。

從早到晚不停地工作，再怎麼樣拚命，也趕不上不斷上漲的物價，沒有辦法存錢，因為稅金而感到煩惱痛苦，無法過悠閒的生活，即使「經濟復甦」也要哭泣。

可是，不了解我國實情的外國人，誤以為國人非常有錢，要求我國製品出口到外國要設限，採取封閉我國的方法，減少貿易順差，並希望我們拿出更多資金來援助海外，或者認為國人工作過度，應該休息，或者應該擴大國內的需求等，諸如此類的批評不斷湧現。

前些日子，立法委員重新評估營業稅，不過，由於邁入高齡化社會，台灣的財政累積赤字上升，而這些的利息就像滾雪球似的不斷增加，若放任不管，為了支付利息而使國家財政露出漏洞，會讓子孫嚐到苦果。

不了解這些事而認為「最討厭支付營業稅」（相信沒有人喜歡吧）或者是認為「要利用赤字國債來填補」這些說法都是無用。一個國家，如果所有的國民都想靠著退休金或者是不勞而獲，停止生產活動，該國早晚會面臨沒落或崩毀。

現在世界上均以GNP這種國民總生產來計算一國的經濟力，其實力是以生產力和供給力來測量的。如果坐吃山空，即使有財產，也會不斷地減少。

我們真的能有效地使用上天所給予的身體、金錢和財物嗎？如果只是身體擺在那兒，那無非是扼殺生命而已。即使能長生，也只不過是植物人；即使有錢，如果不好好運用，也只是廢紙一堆。把錢存在銀行裡，或在其他方面融資，這樣實際的使用才能產生錢的價值。如果只是把物品存放在倉庫或冰箱裡，佈滿灰塵或是腐爛掉，就會成為無用的長物。

同樣的，若什麼也不做，只是茫然度日，也無法得到任何成果。各種事物都得加以活用，才能產生價值，不活用就如同死亡一樣。

大展好書　好書大展
品嘗好書　冠群可期

大展好書　好書大展
品嘗好書　冠群可期